天下文化
BELIEVE IN READING

何不認真來悲傷

郭強生

目錄

後記

春餘

今生一場聚散已足夠

何不認真來悲傷

面對過往的幸福，對我而言，遠比回憶悲傷還更需要勇氣。

逼視曾讓我受傷的記憶，至少證明我不再懼怕面對。就算偶有黯影反撲，也只像是遙望對岸的濃霧。

在悲傷的回憶中，我才能保持一種戰鬥的姿勢，在空滅頹亡來臨前。

幸福的記憶卻讓我感覺軟弱，因為發現曾經自己對生命的流逝毫無警覺，總要等到成為記憶後才懂得，那就是快樂，而當下只道是尋常。

中年後不敢多想那些無憂的過去。無憂源自無知，不知道煩惱有父母在頂著，不知道何為生老病死，不懂得無人共享的快樂，其實不算快樂……

也因此，快樂的回憶只能點到為止，否則就要驚動了失落與遺憾。

偏偏總有久遠的往事偷渡登岸。

翻開了堆放積灰已久的相簿，企圖捕捉那其實已很遙遠的、我們曾經一起去拍全家福照，那是種什麼樣的感覺。

那時，我們總是為了全家福照專門跑去照相館。除了其中一張是因為哥嫂帶著初生的女兒首次回台，連年近九十的外公都出動了，其他去照相館拍照的動機背景我已一概模糊。

或許都只是臨時起意也說不定。那總有個提議的人吧？如果要我猜，準是母親。

母親喜歡玩相機，或許說，她喜歡記錄家人生活。台灣第一家彩色沖印照相館到底是哪間？這些年出現各說各話的情形。但據母親告訴我的，真正的第一家是早在民國四十幾年，一家叫「虹影」的照相館。母親是當時他們招考錄取的第一位員工，擔任會計工作。老相簿裡還有攝影師為母親拍的沙龍照。那時的母親真是美。

繼續翻閱相簿，發現都是母親掌鏡的時候居多。記憶中家裡的第一台相機頗難操作，一個長方匣捧在胸前，從上往下看進匣裡對焦，光圈速度全靠手調，只有母親會用。家裡其他三個男生愛笑那是老骨董，該丟了。等到父親接觸到拍電影的工作，有天回家來告訴我們，劇照師都還是用這一款，說是比起後來的單眼，它的畫質好太多，我們才知那相機是屬於「專業用」的，從此對它刮目相看。

想必是我們的懶於學習操作，才會忽略了該讓母親多當模特兒而非總在掌鏡。是不是因為這樣，母親才總會興起去照相館留影的念頭呢？

‧‧‧

不僅拍照總是母親的工作，連全家旅遊也向來是母親在規劃。說起來，真正一家四口出遊也就那一次，去日月潭。那年哥哥高一，我還在幼稚園。之後哥哥就再也沒有跟我們一起旅行了。一家人留下了難得的戶外合影，每一幀的場景時空我仍印象清晰。有一張是我們全翻滾在草坪上，將那台專業級相機調好自拍設定，並很有創意地傾斜放置，形成對角線的構圖。而另一張是造訪毛王爺時當地導遊為我們拍的。除了哥哥堅持不肯外，我們全都穿戴起原住民的服裝。關於那次旅遊，更深的印象是我一路暈車嘔吐，到了教師會館已手腳僵冷。偏偏都沒空房了，我們一家睡的是地下室的通鋪。

想起來還是歡樂。絕無僅有的一次合家歡。之後在溪頭墾丁花蓮紐約費城華盛頓DC，總是三人行。

兩個孩子都在國外的日子，沒想到父母還是去照相館拍過幾幀二人合影。那時的母親心裡在想什麼呢？

‧‧‧

小學時第一次讀到《蔣碧薇回憶錄》，書裡附圖有許多是她第一任畫家丈夫徐悲鴻為她畫的肖像，便以為畫家都愛為妻子或者家人畫像。但父親這輩子只為母親畫過兩張油畫像。更不用說，我和哥哥自然是沒份的。母親對此難免心有遺憾，卻總另找藉口表達不滿：「一直希望你為我父親畫張像，人都死了你還是沒動過筆！」

畢竟比起照片來，畫像無疑更有紀念價值。至於母親那兩張畫像，都是完成於新婚後。一幅畫中她穿著水綠旗袍，但因颱風泡水，油彩早已龜裂破損，卻仍被母親以玻璃框裱起掛在臥室。另一幅畫的則是還留著少女馬尾的她。

現在那張人像哪裡去了？

我竟然這麼多年都沒注意到它已下落不明。

・・・

父親盯著電視螢幕上的足球賽目不轉睛，我坐在一旁的板凳上打量著他。一會兒後我也把視線移到了電視上逐球的一群小人，只是放空注目，為了打發掉父子像這樣完全無言共處的時間。

已經六、七年了，我們都早已習慣這種形式上的親情。已經很久，對於彼此都存在著不撕破臉就好的應對方式。

我彷彿知道整件事是怎麼發生的，卻不願接受。

一開始先是發現，與哥哥出席父親的畫展揭幕，怎麼父親只向眾人介紹這位「在美國當工程師」的大兒子，對於他身旁在台灣當教授的另個兒子卻略過不提？又有一次，忘了為什麼細故爭執，扯到了他的一位學生，父親竟然對我說出了「我跟他還更像父子」這樣的話。

然後那年，發現八十五歲的他跟一個嫁到台灣來的大陸女人交往，我一再提醒他那女人肯定沒打什麼好主意，父親竟用輕蔑的口吻回我一句：

「這是我們『男女之間』的事，你們這種人懂什麼？」

四十四歲那年搬出了老家，把家讓給了他與那個來路不明的女人。但仍不敢住得太遠，畢竟在台灣父親沒有任何親友，跟他「情同父子」的學生們，哪個不是拿到學位就不再出現了？

那時覺得父親仍需要我，沒有意識到其實是我更需要他。母親已過世，而與我年紀相差十歲的唯一手足，從來也算不上親近，我賴在父親身邊，怕離開太遠，就會失去自己跟「家」這件事的最後聯結。

一年多前父親開始出現輕度失智的症狀，每週日我回「家」一趟，陪他上上館子。問他什麼，得到的回答都是不知道，或不記得了，語氣卻很平靜。有時我心中會暗自懷疑（或期望），他的不記得會不會是偽裝的？很小的時候就已經有印象，母親經常為他愛拈花惹草費神又傷心。慣愛偷吃的男人擅於偽裝說謊與賴皮，也許老來可用來自我保護，讓他不想見的人無法靠近。

因為缺少互動，究竟失智程度是在惡化，還是藥物控制有幫助，我無法判斷。問那女人父親現在的情況如何，她總說好得很。直到過年時那女人回大陸，我才發現她一直在盜領父親的存款。

以前我從不過問父親的財務，怕讓已有心結的父子之間，徒增了更多的不信任。但我發現父親名下已經沒有任何定存的錢了。我還發現，那女人把失智症與高血壓的藥藏了起來，有兩個月沒給他服用。

決定跟那女人開戰。

這回父親完全不像失智，吼得雷霆萬鈞：「這就是我要的生活，你是什麼人敢來干涉我的生活？」

他並非失智到認不得我是誰，但我恍然驚覺，親情與家人對他而言，會不會只是他人生中曾經走岔的一段路？也許，要求每個人都心甘情願被親情綁縛一輩子，那也是不人性的？

・・・

母親過世第二年，有次我與好友餐聚，散會前她像憶起了什麼趣聞似地，轉身小聲跟我說：「我一直忘了告訴你，你那時候還沒回國任教，有一天我很意外接到你媽媽的電話，她跟我說，她很不快樂。」

我當下感覺像被突然宣判，我的母親不是死於癌症，而是因我的疏忽意外致死。「妳怎麼到現在才跟我說這件事？」我激動得渾身發抖。

對方無辜地眨著眼睛說她忘了。在那之前，我並非不知母親不快樂，只是沒想到，她有那麼不快樂，不快樂到會打電話給我的朋友，以為她一定會把她的心聲傳到我耳裡。

記憶中，母親那時偶爾會在奇怪的時間打越洋電話來。台北時間清晨四五點，我問她怎麼不睡覺，她說睡不著。母親說話總是嗓門很大，只有那幾通電話上，我聽到她細弱如小女孩的聲音。

我只能安慰她別胡思亂想。

我考上大學那年母親第一次罹癌，身體一下子垮了，體重從以前的五十五公斤，到後來十幾年始終只剩三十九公斤不到的皮包骨，她一直都在抗病的悒鬱低潮裡，難得見她真正開心的時候。

除了我將啟程返國任教的幾天前，她打來的那通電話。她那次心情極好，對著答錄機說個不停，唸完了當天報紙的頭條新聞，還是等不到人的母親最後乾脆對著機器唱了一首歌：我有一簾幽夢，不知與誰能共……

然而我終究沒能接到那通電話。

答錄機中的卡帶被我取下，裝進行李，但是還沒等到有那個心情放來重聽，母親就在我返國次年病逝。

一直記著那留言的存在，卻也不敢再碰。

這些年我一直會幻想著，如果接到電話，跟母親可能會有怎樣的對話？會不會發現也許跟在聽答錄機時一樣，除了想哭，不知道該說些什麼？

我已太習慣面對那個不快樂的母親，偶爾開心的她反愈教我悲從中來。

回國前我原本是這麼打算的，至少也回來住個一兩年，不能像哥哥出國後，三十幾年來都只是過境般回來吃幾次飯就走人，連接父母去他美國的家中小住，也一次都沒有過。

回國卻成了送母親最後一程。第二次癌症來得意外且凶猛，從擴散到往生，前後五個月不到。

• • •

最後一個母親節，與母親多年不合的哥哥從美國來電話，我暗示他有空回來一趟，媽媽身體很不好。

他說他工作很忙。

晚了怕來不及了，我說完便掛了電話。

哥哥出國三十多年，在美國成家定居，和我們這個家甚是疏離，見面次數屈指可數。還有好幾次，忘了究竟是為了什麼事，最後竟是以不歡而散收場。從母親確診癌細胞擴散，她便一再叮囑：別把她生病的事跟哥哥說。等醫院發出母親病危通知，我不得不跟他說了實話，沒想到他還是說他很忙。次日他撥電話到病房，我劈頭就問，機票訂到了嗎？他說還沒去訂，我氣得大罵：那你打電話來幹嘛？

沒趕上最後一面，他卻在告別式前夕說出了教我非常吃驚的話：「媽媽是被老爸磨死的。老爸當年為什麼要回來？他不在的時候，老媽過得很好，他一回來把老媽的生活全毀了……不過，如果老爸沒回來，也就沒有你了。」

如果我沒有出生，是否會讓原來的三人免於後半生的怨懟繼續？我的父母是不是犯下了為挽救家庭婚姻最常見的不智之舉？

只能猜測。

母親對哥哥隱瞞病情，難道因為她太了解自己的兒子，知道他是不會趕回來的？

一旦說了，就會有期待，到時等無人影，情何以堪？

像中途被寫進連續劇裡的角色，我晚了十年加入了一個不快樂的家庭，卻對後來的劇情發展，完全無能為力。

母親走了，父親老弱了，哥哥與這個家的距離早就很遠了。只剩下我還在努力拼湊著，許多仍然斷裂的劇情。

你不知道我記得

我不記得最早是怎麼發現那個提包的。以細竹藤密密編織的女用提包，幾十年過去了，它仍一直在我的腦海。不是因為那美麗的造型，而是那包包裡收藏的祕密。

那時大概小學三年級，因為多病而經常被關在家裡，哪也不能去。總是一個人在屋子裡晃盪的時光好無聊，某天不經意就翻到了母親塞在衣櫥角落裡的那個竹藤包。打開來，發現裡面裝了上百封的，淡藍色航空郵簡。

電訊如此發達的今日，早已不復見的那種古老玩藝兒。一張藍紙折成三折，邊緣黏好，就成為一封寄往海外的書信。不用信封也無信紙，很聰明地把信件重量減到最低，在那樣拮据的年代。

對這種郵簡的消失，日後總有一種微微心痛的不捨，因為它讓我看到，曾經有個年代，什麼叫做紙短情長。放在掌心，幾乎感覺不出什麼重量的一封封寒酸的郵件，它的內容可以是如此沉重。

那一封封信，都是母親寫給當時在西班牙留學的父親的。

展開第一封，將我帶到了另一個時空，比我出世更早的十五年前。

一個二十五歲不到的女人，她的丈夫考上留歐公費獎學金，她帶著才四歲的兒子，半工半讀，傻傻地以為苦幾年，等丈夫回來了，日子就會變好。每一封信都是分好幾天寫完的，像是日記一樣，跟男人細細描述著她每天發生的事，還有她口中的「臭兒子」又做了哪些調皮的事。

好想你，再過四百天你就可以看到臭兒子了……

今天又想到那時候，我們跟臭兒子晚上坐在小破房裡剝花生吃……

兒子今天問我，爸爸會寄禮物來嗎快過年了……

再過一百天，你就可以回來陪他玩了……

你開完畫展了，應該準備回國了吧？……

你現在究竟打算怎麼樣？……

雖然那時年紀很小，但是敏感早熟的我，看了其中十幾封後便倏地煞手。不是因為偷窺而心有不安，而是突然對情是什麼，愛是何物，有了苦澀的最初體認。這不是電視上的連續劇，是真實發生在我父母身上的故事。那個女人怎麼那麼傻，從沒想過那男人可能一去不回嗎？

但是那一封封信證明了，他們曾經也是相愛的。不是打從我有印象以來，他們之間總有不斷的摩擦爭執……

把提包又藏了回去，因為不想看到他們在信中開始攤牌談判。過了幾日，包包不見了。應該是母親發現東西被動過了，換了地方。我從此再也沒見過那個包包。但我也不是沒有懷疑過，母親會不會把那些信都扔了毀了？

・・・

事隔多年以後，我才猛然想到一個當時疏忽的細節：為什麼都是母親寫給父親的信？而沒有父親寫給母親的？

父親一直不肯回來簽字離婚，母親到晚年才多透露了一些過程，原來是因為他連回台灣的旅費都沒有。母親當時已進入一間大企業裡工作了數年，同事們都幫著她找律師，甚至託關係跟旅行社擔保，在一張歐洲回台的機票是一般人半年薪水的民國五十年，母親終於以罕有的分期付款方式，讓父親回國的機票有了著落。

看到了臭兒子與父親終於團圓，母親動搖了。但是我心裡一直猜想，有沒有可能，是因為看見父親帶回了那上百封她寫給他的信？

父親是真心想挽回嗎？母親是真的心甘情願嗎？為什麼母親過世後，與她長年不和的哥哥會說出「爸根本不該回來的」這樣的話？與母親交惡，是因為逃避不願承認，父母復合都是為了他嗎？母親是恨他的，這樣相信才能減輕自己的罪惡感吧？

父親回國第三年，我出生了。

・・・

泛黃照片中那個胖得像小豬一樣的嬰兒是我。

算可愛吧？我心想。面對鏡頭時總彷彿是受驚卻又難掩好奇的專注眼神，看著前方按下快門的母親或父親，聽見他們在說：看這裡看這裡，於是瞬間又安心了，所以嘴角的笑意一直沒有被打斷。

然而這都是成年後看照片時的揣測，沒有人會真正記得自己兩歲以前的事。按母親的說法，我是一個很好帶的嬰兒，該吃就吃，該睡就睡，幾乎都不哭，見到人總是笑。所以她有時會做一件無聊的事，故意擰我一下想讓我嚎啕，「結果你只癟起嘴，嗯嗯兩聲就沒了。」她說。

回憶起這段，她很是得意。

等我近四十歲時，母親見我遲遲對成家毫無興趣，她又會常常從記憶裡搬出我的嬰兒時期：「小娃娃很好玩嗳，洗澡的時候一大團肉，翻過來趴在手臂上洗，像隻蛤蟆一樣。常常幫你洗香香以後，穿好衣服放在床上，突然你就啪一泡屎，澡都白洗了，哈哈！」

每次聽這故事我總要做出一個噁心的鬼臉，不明白那樣好玩在哪裡。

為什麼上帝造人的時候，不讓我們記得嬰兒時的事呢？

我後來編了一個讓自己都深信不疑的理由：人是有前世的。嬰兒時期，前世的記憶在基因裡仍有殘存，必須等它褪去無痕，這一生該修的功課得從零開始，不可以作弊拿前世的記憶當小抄。

我常會盯著嬰兒的眼睛瞧，有那麼幾秒鐘的時間，我相信他們正在回想是不是曾見過我？然後有些嬰兒就對我笑了，有些則撇過臉去，覺得我不過就是一個無關的器物。

我願意拿兩年的生命換我兩歲前的記憶，也許多少就會明白，是否很多事從我一出生就已經注定，再努力也改變不了。

總是相欠債

對童年最初的印象是自己總在生病，照片可證，那個胖嘟嘟的嬰兒突然就變得瘦弱無精打采。應該是因為住進了一間非常潮濕的屋子，那棟老屋地板上經常泛出一層水氣，黏滑滑的。早晚咳嗽不癒慢慢轉成了長年的氣喘，呼吸道容易感染讓我的免疫力變得極弱。為了我的氣喘，得託人從香港買藥，而家中另備有一套注射針具，我總不時被帶去西藥房，打一劑我至今也搞不清是什麼的處方。

「你從小打針都不哭，很勇敢。」父親說。

沒有小孩不怕打針，都是意志力強迫自己不可以哭。幼小的我哪裡來的意志力？我真想知道。在可以有權利放聲鬼哭神號的那個稚齡，為何我已經學會忍耐？

在那老屋中另一個鮮明的記憶，是母親生氣地拿著一封信在咆哮。

早年父親剛進大學任教，講師薪資有限，父母都得工作，家中收入較高的一直是在企業界工作的母親，遂才能雇請女傭照顧我。那張信紙我認得，女傭跟我畫圖玩耍時會用的，有美麗的花邊和可愛的娃娃。

信上寫什麼？女傭又哪裡去了？

一年多前，當父親跟那個大陸女人在一起的事終於浮上了檯面得處理時，哥哥忽然跟我說起，父親一直會搞家裡的女傭。「你那時很小不會記得，來一個女傭他就搞一個，女傭鬧啊，都是老媽拿錢打發掉，可是老爸這毛病就是不改，沒想到老了還是這樣。」

我不作聲。

他不知道，其實三歲的我，已經懂得發生什麼事了。

・・・

早年家中的主事者一直是母親。許多應該是父親扮演的角色，母親都包了，從小事例如找人修繕，或策劃全家旅遊（連拍照都是她比較拿手），到大事例如理財購屋搬家等等。曾經父親在歐洲留學，一去五年把妻兒丟在台灣。母親一邊上班一邊養小孩，還一邊念書從台大順利畢了業，想必是這樣才練出的一身好本領。

二十出頭的母親，只有我哥曾獨自擁有過。雖然在數十年後，他記得的只是脾氣暴躁的母親常打他。

退伍後工作了三個月，他就說沒前途，吵著想要出國。家中沒錢只好貸款，母親後來說，家中所有的現金都給了哥哥帶上飛機。我這個哥哥大概早就打定了主意不回台灣了，碩士還沒拿到就在美國結了婚。父親倒是輕鬆一句：總要娶媳婦的。母親卻抓狂了，她半工半讀一手帶大的這個兒子，顯然又將重演父親遠走高飛的劇碼。

等我大學畢業時，母親明白斥我，想要出國是萬不可能，讓我死了這條心。那時候她正在跟癌症搏鬥，比我哥出國時老了十歲，我不忍再堅持。畢業後在台灣工作了三年，薪水稿費版稅努力存起來，有了第一個五十萬。結果是母親看到了我的存摺，自己先心軟了，只跟我說，快去快回。

碩士念完才覺得入了門，申請到博士班卻不能念。母親哭了：「你們郭家的男人為什麼都是一出國就不想回來？」我拿到了獎學金，又連得了兩個高額的文學獎，於是給母親寫了一封長信，問她為什麼別人家都巴不得能出個博士，我們家卻不是？我為何要被哥哥牽連？這太不公平……

母親當然又心軟了。

常會聽見學生抱怨起他們的父母。逼他們念了不喜歡的科系啦，不懂得他們在想什麼啦，自己的婚姻都有問題憑什麼來干涉他們的感情啦……這些情況普遍存在。學生需要被聆聽，但是我最後總會冷靜地點破他們：「那你就照你自己的想法去做啊！」或者，會淡淡補一句，「他們只是你的父母，不是萬能。」

做子女的怎麼會不知道，跟父母爭吵冷戰鬧彆扭是因為有效？如果碰上的是完全不管死活的父母，只能摸摸鼻子自己想辦法。

我也會跟向我求助的家長說，如果小孩子真的認為那是他／她畢生的夢想，他們一定得學會為這個夢想吃點苦。

這輩子跟母親有過最激烈的爭吵，起因竟然都是我想念書。

很少人知道我這個博士是這樣念出來的，一路上都在承受著母親心理創傷的陰影。

• • •

老年的時候，母親一直會回憶送我哥上飛機那天。她總說，看到兒子進了海關後，從玻璃門後回頭狠狠瞪了她一眼。我總說不可能，一定是看錯了。

或許她沒有看錯。因為在兒子心裡，母親一直是年輕美麗又堅強的，他才會忘了，他這一走母親就要開始老了。

即使在父親避不回國的時候，母親仍能提供他所需的一切，所以他才會以為母親是萬能的，他可以吵鬧、可以抱怨、可以怨恨，因為在我出生之後，母親再也不是他一個人的了。

「你不知道，媽媽一直恨我，恨我拖累了她。沒有我的話，老爸不在那些年，她可以有更好的人生。」我哥是這樣說的。

不滿的背後是過度的依賴與不願面對的罪惡感，這是我聽到的。

我從沒期望過成家，因為光是這一個家，就已經留給我太多這一生都逃離不出的陰影。難道，成立下一個家才是逃離的方式？

顯然不成家的人永遠無法領會成家的這種用途。而我這一生唯一有過的這個家，如今也已只剩碎片掉落掌中……

不是逃離，而是面對的時候了吧，終於？

我聽見自己這麼說。

家，有時就不見了

開始意識到這個家真的快散了，是在二〇一三年秋。那日我在學校上課，突然助理狂扣我手機，說是我的父親出了事。

語焉不詳，大概是父親跟朋友去大陸玩，突然生了急症，同行友人留下一個號碼要我撥過去。

已經有好幾年，父親的行蹤完全不在我的掌控內，打他手機常是關機，想找他吃個飯也推推拖拖，父子關係日漸疏遠。因此聽說他人在大陸，我已是先吃了一驚，等接通了電話，聽說父親已經三天沒有排尿，當地醫院診斷是攝護腺出了問題，想要立刻幫他開刀，我當下更是慌了。不行不行，不能在那兒動刀——我趕緊打斷對方：能立刻把他送回來嗎？

對方也同意，但是同時又告訴我一個令人震驚的變故。你父親神智好像不太清楚，昨天在旅館，他沒穿衣服只罩了一件睡袍便跑下來吃早餐。我們說要送他回台灣看病，他說我們不可以拋下他……

我的心陡然沉落。攝護腺問題事小，父親會不會同時也出現了老人失智？

飛機晚上九點會到桃園。我人在花蓮，這個交通極不便利的地方，火車票總早早就被觀光客搶光，飛機班次又稀落，碰到臨時狀況根本動不了身。課也顧不得上了，得趕去機場排候補。總算排到了傍晚六點半那班，七點半到台北，立刻再轉巴士到了中正機場，恰恰趕上班機降落。

父親坐著輪椅被推了出來，才一週不見，他整個人瘦了一大圈。

・・・

接下來帶著插著尿管的父親到處掛號，從榮總到三總，竟然醫生都說沒法排開刀，要等。但是尿管已經吊了快一個禮拜了呀！大概覺得這樣也不會致命，所以醫生的反應都闌珊淡然。自費開刀也不行嗎？不行。後來才知道，問題出在護士荒嚴重，照顧不了那麼多病床。

想到了那句話，提著豬頭找不到廟門。

之前從不知台灣的醫療系統如此深不可測，小老百姓只能任憑運氣或是看醫生的心情，沒辦法只好走上託人情一途。這輩子從來都沒有因為自己的事拜託過人，總覺得非常難開口，但這回是因為父親生病，我突然顧不了那麼多了，開始狂發簡訊……

那一週何其忙亂，我只有一個人，要打點這所有的事已夠心力交瘁。更讓我憂心的是接下來父親手術後的照顧，以及頭腦時而清楚，時而糊塗的他今後恐不再能自理生活，如果真的失智已經在他身上發生的話？

那個父親從來沒打算介紹我們認識，卻暗中已交往了好一陣的女人，趁著父親開刀期間正式露面了。什麼？她自己有老公？是陸配，在大陸還有小孩？台灣的老公沒跟她住一起？

了解了她的來歷，我心想這應該是假結婚，背景不可謂不複雜，大學教授退休的父親，怎麼會搭上這樣的一個女人？

之前身體一直硬朗的父親並不想讓我干涉他的生活，但如今，這個女人每天熱心地來病房，我的分身乏術究竟是她的可趁之機，還是大家破冰的開始？

・・・

父親不愛吃醫院食物，我到了晚餐時間便得去醫院附近買一些給他當補充的點心。日子混亂倉皇，想到接下來得面對的種種可能狀況該如何預作安排，我的眉頭總不自覺糾結。走出超商，渾渾噩噩地過街，手機鈴響也不想接。但對方就是不放棄，一直撥打。到了醫院，我把手機拿出來，一個不認識的門號。

出了電梯，手機又響。我沒好氣地按下通話：喂？

請問是郭強生先生嗎？

一聽就像是那種推銷電話，我本要習慣性地立刻掛斷，但那一頭的女聲比我更急切地搶先一步：你的皮夾在我這裡！

我一摸口袋，當下腦子裡出現的只有三字經。忙中有錯這句話真是一點沒錯，我甚至連何時弄丟了皮夾都毫無警覺。我所有的證件信用卡與現金……

真是屋漏偏逢連夜雨啊！

不願留名姓的女子在超商櫃台看到了我因心事重重而恍神遺忘的皮夾。我半信半疑地按照她的指示，在醫院後方的某個巷口碰面，也顧不得萬一這是集團犯罪，對方可能還有同夥一起在暗巷正等著肥羊上鉤。撿到皮夾不是應送交派出所嗎？或者，也應該如她所說，既然掉在超商就該由超商的工作人員通知失主？她為什麼會有我的手機號碼？前往會面地點的路上，心裡還是十分忐忑不安。

直到我看見我的皮夾完好地從她的提袋中被取了出來。

因為她看到超商的櫃台人員在撿起我的皮夾時，連張望或詢問的動作都沒有，直接便準備要把皮夾抄起往櫃台底下一塞，她才多事地大喊了起來：等一等，那是剛剛那位穿西裝的先生掉的！

櫃台工讀生聞聲便慌張把皮夾交了出來。她說，等她追出去的時候，四下已找不到我的蹤影，結果她在皮夾裡翻出一張我的名片，上面印了我的手機號碼。

你也是有親友在住院嗎？她問。

我點點頭，驚魂甫定，完全不知道要怎麼表達感謝。她的一念之間，幫我搶回了我可能再也找不回的皮夾。在我最焦頭爛額，感覺如此孤立無援的時刻，讓我突然安下了心來。

絕對不能讓自己先亂了陣腳，這樣的好運不可能有第二次了。萬一皮夾真的遺失，重辦所有證件在這個節骨眼豈不是更加讓我欲哭無淚？如果撿到皮夾的不是這位，而是歹徒騙我見面，再押我去提款機領錢洗劫，這樣的新聞也不是沒有聽過……越是忙亂的時候越是不能再出錯了。我從對方接過失物的那當下，覺得自己好幸運，讓我碰見這麼善良又熱心的陌生人。

再一抬眼，對方卻早已跨上單車騎出巷口了。

・・・

父親那位來路不明的女友，在父親出院後便大剌剌搬進了父親的住處。此後只見父親身體日益虛弱，經常倒臥床上起不了身，我不得不開始暗中注意起那女人的一舉一動。父親高血壓的藥根本沒給他吃。父親經常一個人在房間昏睡沒吃飯，家裡黑漆漆，又髒又亂。父親銀行的錢也被盜領，郵局監視錄影器拍下了她同一天去領了好幾次錢的畫面。

一場搶救父親大作戰刻不容緩，知道再遲的話，父親的命會結束在那女人手上都說不一定。

從開刀住院到此時為止，我已經為了父親的事憂忙了快一年了，經常神經緊繃，或是連續失眠的我，又再度陷入了叫天天不應的無助。

好不容易讓那女人死了心，她的計畫已被我視破，且告知她我已在警局備了案。她也不是省油的燈，說走就走，把父親丟下看我能怎麼辦。

從國外引進看護，拜我們這個政府完全不知民間疾苦之賜，少說也要等上三四個月。身為唯一的家屬，這段時候我仍得去花蓮工作，真不知要把父親託給哪個單位？跟從事外勞仲介的老同學打電話，竟然四五天沒回話，終於等到的回覆也毫不熱心。幸虧有好友另外提供了可靠的仲介，告知有國內的外配看護可試，但最快也要十天後才有結果。

以前聽人說，一文錢也可以逼死英雄好漢。對於已分身乏術的我來說，神志恍惚的父親要如何照護，讓每一天都如同我的大限將至。

在父親住處附近的涮涮鍋店獨自用餐，老闆娘看我愁眉不展，關心問起發生了什麼事。聽完我的敘述，她有點內疚地告訴我，她早就覺得那女人有問題了，這附近的店家誰不知道，她總是找老人搭訕，而且她對外都開始以父親的妻子自居，雖然大家都懷疑，但是覺得這是我們家的私事，並且以為我知道，所以她沒有多這個事。她很抱歉的說，你都不在，如果能早點兒讓你知道就好了。

能幫上什麼忙嗎？她又問。

其實，我需要的就只是週一到週四，我不在台北的那幾日，有人能給父親備餐，讓他早晚按時服藥。

老闆娘很阿殺力，當下吩咐店裡的服務生弟弟，以後我不在的時候，中午與晚餐時間把父親接到他們店裡來，他們會為他準備便當，然後再把父親送回家，看著他把藥服下。

也許，真的如老闆娘所說，大家住這麼近，不過順便而已，但是卻讓我當下差點沒哭出來。

請帶我走

某位做音樂的朋友說起他快樂的童年，對中學以前的印象就是每天在玩，無憂無慮。另一位朋友說起童年，記得的是很小的時候就已經有一種淡淡不快樂的感覺，常會對著窗外凝望，也不知道在想什麼。

這兩位當時是男女朋友，愛情長跑了八年，最後還是分手了。郎才女貌，最後成不了家庭，只能說是因為個性與價值觀的差異。

其實，不必去看家庭背景的本身，只要比照對童年的印象是什麼，兩人能不能在一起，或即便在一起會不會幸福，就已透露出端倪。

怎麼可能真的完全無憂無慮？有些人天生就可以過濾掉他們不想記得的事吧？

在我們那個年代，家家都是經濟拮据的。公教人員的薪水很低，所以有一種奇怪的生活津貼，每月領到幾張米與油的換發券。記得那時我常會跟父親到一間小小的破屋去領米油。有時到月底錢不夠用，就把糧票與油票換成現金。

一個孩子的眼睛在注意著家裡的哪些事情，大人永遠不會知道。

有一回，聽見父母又在煩月底沒錢的事，而我就讀的私立小學正好有什麼費用要繳，在次日大雨的早晨，我走進校門，看到一頭銀髮、穿著旗袍的校長站在那裡看著小朋友到校，我竟然哇地一聲就哭出來，跟校長說我們家裡沒有錢……

校長通知老師，老師連絡家長，到了晚上母親下班後見到我，有點尷尬不知道該說什麼，印象中大概是安慰我你不用擔心啊，爸媽會有辦法之類的話。

這個小孩也太戲劇化了吧？我又看見了自己在大雨中跟校長哭訴的畫面，有點好笑，也有點悲傷。

那個年紀的我，怎麼有那麼多的擔心？雖然家裡從來沒讓我餓著，但是我很小就隱約懵懂，撐起一個家不容易。

家家都辛苦的民國五〇年代，竟然有人說他只記得小時候每天都在玩，真是豈有此理！要不是這孩子開竅得太晚，就是父母把他保護得太好，沒讓他知道一個家可以有多少讓人傷腦筋的事，我心想。

一個人的行為與價值觀，或多或少都會受到父母的影響，但是誰又能計算得出，究竟影響有多直接？事實上，我們每個人對自己原生家庭的記憶與認知，未必就是父母養育我們時的真相。

更常聽見的是，夫妻相處遇到了問題時，就把對方父母的養育方式拿出來檢討一頓，看看伴侶為什麼這麼難溝通，或這麼不懂得體諒。但，童年愉快的人，一定就比較懂得為家付出、為另一半著想嗎？我看也不盡然。有時反而是太愉快了，以為一個家自在隨興就可以存在了。

現代學者喜歡標籤區隔所有的事情，把自己與原生家庭做出了區隔，問題又推回給上一代。那父母的原生家庭的原生家庭又該怎麼解讀呢？

說到底，我們一直都活在同一個家庭裡，逃不遠的。

差別在於，當我們想起原生家庭的時候，是把父母當成兩個獨立的「人」來看，還是兩種「角色」而已？角色具有功能性，可以評量表現優劣，但是人太複雜，有七情六慾，更有執迷與軟弱。

把父母當人看，我們往往都在逃避，因為覺得殘忍——對自己殘忍。

所有的痛，父母畢竟已經都走過來了。怕痛的，其實是我們。

那麼，父母究竟該不該讓孩子從小就明白一個道理：一個家的存在不是天經地義的，而是他們用了多少的辛苦與容忍才換來的？

．．．

好幾次夜深之際，我又信步循著記憶去探訪老家，尋找我的童年。

在紐約住了十幾年，離開的時候我沒有太多留戀，因為一直都沒把那兒當作是「家」。回到台灣也十五年了，不去花蓮上課的時候，我的生活圈就只限於靠近永和樂華夜市的住家附近。我起初並沒有察覺，自己繞了地球半圈，最後的落腳地，竟然距離我第一個有印象的老家這麼近。

永和這個小地方，擁擠混亂，但方便得不得了。一直到我出國念書前為止，我們共搬過三次家，搬來搬去都仍在永和。直到現在我有了一戶十六坪的小窩，也仍然是位於這個從我童年時的永和鎮、改制成今日新北市永和區的這方亂哄哄之地。

從紐約花蓮到台北，最後又會搬回這附近或許並非偶然。我想，會不會是因為，多年前分裂的另一個我在對自己召喚？

你準備好帶我走了嗎？他問。

還在念幼稚園時，全家住過的那棟二層樓小洋房當然早已拆了，在這社區裡，它曾是最早被改建成四樓公寓的。貫穿小社區的那條主巷仍在，巷的這邊，四樓改建已破舊，而巷的另一邊則整片拆除，建成了在永和來說算是高級的花園社區華廈。

對這個老家的記憶特別深。雖然搬離時我才不過小二，但是好像我的靈魂有一部分卻始終在那裡徘徊。

或許是因為，那是全家四口唯一共居過時間最久的一個家。之後，我哥便去了南部成大讀書，然後當兵兩年，接著就出國再也沒回來。

或許是因為，我從小體弱多病，幾乎大部分的童年時光都是被關在那屋子裡，所以對那小樓房難免最有感情。

在附近左看右看，人生後來的三十多年都像是消失了，彷彿自己又成了那個五歲小童。對童年的種種印象之清晰，自己都覺得詭異。

我想起了父親屢次深夜遲歸，直到某回母親氣到就是不開門，把他的衣物全從樓上丟了下去。父親失蹤了幾天後，女傭跑來幼稚園提早接我回家，一進門就看見父親笑嘻嘻地坐在沙發上抽菸，好像什麼事都沒發生過。

我也想起父親總是騎著單車，把我放在前桿上載著，在黃昏的時候我們來到附近國小的操場，然後他把我放在雙槓上盪啊盪。還有我不明原因的腸胃炎，連續十幾天吃什麼都吐，只有在深更半夜，母親用方糖泡水一匙匙餵我，才勉強讓我嚥下幾口白饅頭。幾個小時後，一夜沒睡的母親又要趕去上班，然後中午休息時間又轉兩趟公車回來看我藥吃了沒。

父母一直是分房的，因為母親工作要早起，父親則習慣晚睡。某日，父親指著路上的一個女子問我，她當你媽媽好不好？

小小年紀的我，困惑的不僅是父親為何有此一問，更煩惱的是，自己到底該不該跟母親告狀？我如何能同時討好？

我最後還是告訴了母親這回事，結果自然又是一陣翻天覆地的大吵。

父母吵得最兇的那次，我看見他們倆一早便出門，不知為何，我就是知道他們是去找律師，要辦離婚了。

從我懂事開始，我就知道他們的婚姻有問題。一整個上午，我都在擔心著自己最後會跟誰住。奇怪的是，我哥在這件事裡是什麼態度，我全無印象。大概在那個年紀，我就已經有點人格分裂了，我愛我的父母，但我討厭跟我們同住的那對夫妻⋯⋯

中午的時候他們回來了，我只記得，看見母親的眼睛又紅又腫。然後我們繼續在那屋中生活著，還是一家人。

四十四

那年，系上同事說有一算命師很靈，以前從不算命的我禁不住吆喝，也好奇地加入了他們組團前往。

算命師滿口嗜嚼檳榔留下的紅漬，不是想像中的仙風道骨，說起話來像圍事的黑道。對我的命盤他只瞄了一眼便開講，表情像被附身，口氣突轉成了七字一句。一生得父母庇蔭，父母之一可長壽。四十四後不宜居祖宅，應搬遷向北或西南之屋。四十四歲前感情有始無終……

像是背完了一長串戲文的算命師，說完便起身上樓消失了。那年我才四十二，照他的說法，四十四歲像是我人生的轉折，但一切都還沒發生，所以並沒有放在心上。

赫然我已半百，回想四十四歲那年發生的事，發現真的讓算命師說中了幾樁。尤其是從老家搬出，當初完全在意料之外，難道真有所謂的命中注定？

那時母親才剛過世，我以為與父親相依為命是我應盡的本分。每週末從花蓮趕回，陪父親幾天又再回學校，但父親卻對我感到不耐煩，連話都懶得說，直到他開口要我搬出去。

我又不是沒有能力獨立門戶！想到朋友們的父母都開始巴著子女不放，父親的態度讓我有一種自作多情的難堪。

當時的我何其駑鈍，竟沒發現父親是交了女友嫌我礙事。我，一個已中年的男人，突然變成無家可歸了。記得自己拖著仲介連夜忙著看房子，買下這個十六坪小房之前，我就只有那晚看過它一眼。

與「祖宅」幾乎斷了關係。

直到那個自己有丈夫的女人，丟下了原以為自己找到了第二春的父親。那女人走後，我從老家的櫃子裡搜出了許多藥袋，那女人曾掛了各式各樣的門診，從耳鼻喉到精神科，拿回的藥都有共同的副作用，暈眩嗜睡。我相信這些藥最後都進了父親的胃裡。難怪好長一段時間，父親總是精神不濟倒臥在床。我甚至還翻出了一支灌食器注射管，讓我既驚又悲，更有一種難言的憤怒。

渾噩衰老的父親，問他什麼都答不上來。老家變得十分髒亂，電鍋裡還蒸著那女人溜走前，不知已放進去多久的剩飯剩菜，粉絲豆腐加幾根黃爛的四季豆。父親都在吃這個？

我問父親，要我搬回來嗎？對於這個問題，他當時的反應竟超乎迅速。「不要，」他說。

・・・

如今，請來的印傭經過兩個月的調教，總算是合格了。但還是被我抓到晚上等父親睡了，她會跑出去鬼混不回家，或是省略一餐沒做，反正父親也不記得自己到底吃過飯沒。朋友都勸我，我能做的都已經做了，不可能二十四小時都在盯著，要我學著放下心。

我想到算命師要我四十四歲搬出老家。

如果我就是趕不走呢？

同時也想起樓下火鍋店老闆娘說的，想告訴你，但你都不在……聽到這話的當下，彷彿我縱有百口已莫辯，她又怎知道，我是為何搬離老家的？

老家可以搬出，但關係卻是切不斷的。當年完全被動的我，現在回想這一切，與其說是算命師鐵口直斷，不如說是我對親子關係的認知太單純。撇開我的父母他們自己的婚姻問題不談，在我成長過程中，父母給我的家教與對我的啟發，絕對是此生受用無窮的一種「庇蔭」。但家，也像世間所有的陰晴圓缺，不會永遠是課本中所歌頌的溫暖懷抱。在我們的道德傳統裡，只教會我們盡孝二字，省略了太多其他。

我至今仍不確定，我乖乖地搬出是孝，還是不孝？

命理之說法也無法讓我安心。我跟醫生說，近來胸口常突然出現心跳多跳了一下的陣痛。

X光與心電圖檢查正常，結果醫生開給我抗焦慮的藥要我先吃吃看。看到藥袋上的副作用說明，暈眩嗜睡，我只能苦笑。

一個人面對就好

某位剛過四十的朋友對我說，他的母親身體開始有狀況了，他是單親家庭中唯一的孩子，自己在台北打拚，留母親一人在彰化，想到無兄弟姐妹可幫他一起面對母親的照護就很擔憂，問我該怎麼辦？

我懂得他的害怕與苦惱，這將是十年之內台灣最大的問題之一。

我已有一些中壯年朋友因為類似的難題，不得不從職場退下，我也早暗自做好心理準備，像這樣花蓮台北兩地跑我還能撐多久？曾對大學部班上同學問道，單親家庭的有幾位？對這十位舉手的同學，我說，你們知道你們將來可能會面臨的問題嗎？年輕無邪的臉龐露出了困惑。

未來父親的情況變化不可知，必要時當然只有放棄工作而非親人。

對我這位應是不惑之年的朋友，他的另一種不知所措才要開始。由於都是單身，我更可以理解，單身子女對父母這份無法割捨的牽掛。已成家的朋友，再怎麼說，配偶與子女的排名還是在父母之前，無庸置疑。

我安慰他說，就是接受與面對，你會在這件事中再成長一次。就算有兄弟姐妹，我說，這責任往往最後也只落在其中一人的身上，其實沒差，沒聽過三個和尚沒水喝的故事嗎？而且，往好處想，你沒有手足間的說三道四，有時，那比陪伴照護本身還更磨人呢！

・・・

雖然擺出老大哥的口吻，但我的心裡仍然是不安的。

雖然已經歷過與母親的道別，但那一回我還有父親在身邊。過程中或許都有一些對彼此的不滿，那只是技術性的瑕疵。最終，我們還是提供了彼此感情上的重要依柱。接下來的這一程，對父親與我來說，都將是殘酷人生中另一種的第一次。

真正的難與痛，對我而言是在每當想到，這個家，有一天，終於要走上結束……所以要成家啊，母親在遺囑中最後也還在叮嚀我這句。

但是，這不是很像一個不斷拖延的自欺欺人嗎？我很想跟母親說。因為原生家庭會停擺落幕，所以要成立下一個家表示生生不息嗎？用另一個家遮蓋住上一個家不可逆的頹圮，真可以讓自己比較不那麼痛？還是有了一個正當理由逃避那個痛？

我還想問母親的是，妳被迫提前離開，不痛嗎？哥哥沒趕上回來見最後一面，妳不痛嗎？

我只想好好走完這一場。

為親情而痛，今生這一場聚散已足夠。

・・・

想到父親與我們兩兄弟一起讀母親親筆遺囑的場面。

我哥突然說他要找律師，這份遺囑不能算數，因為民國年分寫錯了。我和父親都傻眼，因為我們知道，那是母親走前兩週，最後握著筆一字一句寫下後交給父親保管的。夫妻一輩子所共同擁有的，最後還是交給另一半，在這件事上，我看到母親的正直與理性，一生始終如一。

好好的一場送別就被我哥攪亂了。

前年父親開刀，他那時人在日本，飛過來探病時已經手術後第三天，他一連嘟囔幾回「這在美國，第二天就出院了」我都沒理他，說到第四還是第五回我忍不住回他：「台灣是台灣，美國是美國！」他立刻變臉，說他為什麼不能表達意見？我知道他在藉題挑釁，沒想到他繼續加碼，在病房走廊上用英文開始咒罵，FuckyouFuckyou...

我一直都知道我得一個人面對。

如果真的能讓我一個人面對就好，也許那並不是最壞的。

・・・

我承認是我的後知後覺。那次父親出院後，哥哥沒跟我商量就讓女人住進了家裡，答應對方每個月支她薪水，一副長子當家的架勢。

過沒多久，有一天那女人拿出一張定存單，跟我說陪父親去過銀行，櫃台辦事員說，這張定存單曾被申報遺失又補辦，之後就已經解約被領走了。

那些年，我哥每次回台灣都會帶著父親跑銀行，說是幫爸爸理財，事後還會把父親的存款數字報給我聽，我人在花蓮從不疑有他。但這張突然跑出來的定存單我從未聽說。父親當時已糊塗，定存遺失一定是本人才能補辦，除了我哥帶他去過銀行，還會有誰？

撥了電話問在美國的哥哥，知不知道這張存單的事。他很明白地承認，錢他領走了，解釋是要拿這個錢付大陸女人薪水，以後就由他做這個匯款的工作，並且補上一句：「老爸的錢就我來管吧！」

但是隨後我發現，老爸的活期存款的錢一直在減少，才知道我哥辦了網路密碼，他可以在網路銀行隨時提錢。問他要密碼，他給了我一個錯誤的，我那時才有些懂了。不再跟他周旋，因為想起了他那時在醫院飆髒話的情景，我明白，他就是期望我能跟他翻臉。

一來那是父親的錢，二來單身的我一人飽全家飽，我告訴自己犯不著為了錢的事跟他撕破臉。但我忽略的是，父親當時可能已受到脅迫又不敢言。爾後，當發現大陸女人也在盜領的第一時間，我將此事轉知我哥時，我永遠記得電話上他停了一兩秒，溫吞吞地應了聲：喔，有這種事？

當時，我只覺得他的反應奇怪，卻又說不出來怪在哪裡。我以為他也會因父親遭欺而震怒心急，畢竟父親是我們兩人的，我也只能與他商量對策。我接下來決定開始清查，帶著父親去附近一家家銀行詢問，父親可有開戶？可不可以幫我印出這一年來的帳戶活動明細？這時我才發現，有更多筆金額是以外幣匯出的方式從戶頭領走了。

我在電話上一筆筆唸出來，問我哥是不是他拿的？

他不說是，也沒說不是，回我一句：你懷疑我？你怎麼可以懷疑我呢？

我的心涼了，沒有再逼問，也無意再追究。錢是絕對要不回的了，就算他承認又如何？我心裡已有數了。

決定要把大陸女人趕走，因為太多證據顯示她在謀財害命。卻在這個時候，哥哥來電告訴我，他被診斷出罹患了第三期的腫瘤。

我的胸前如同被電流重重一擊，覺得這個家可能會散的預感開始加速啟動。下一個念頭是慶幸，慶幸自己之前沒有跟他反目，否則我無法原諒自己。

但，還是有些事情，我一直過了很久還是不得其解。

為什麼那張早已作廢的定存單會出現在大陸女人的手上？

為什麼之前都趕不走的那女人，在獲知我哥癌症之後，突然就退場了？

夏暮

我的一生獻給你，才知幸福是吵吵鬧鬧

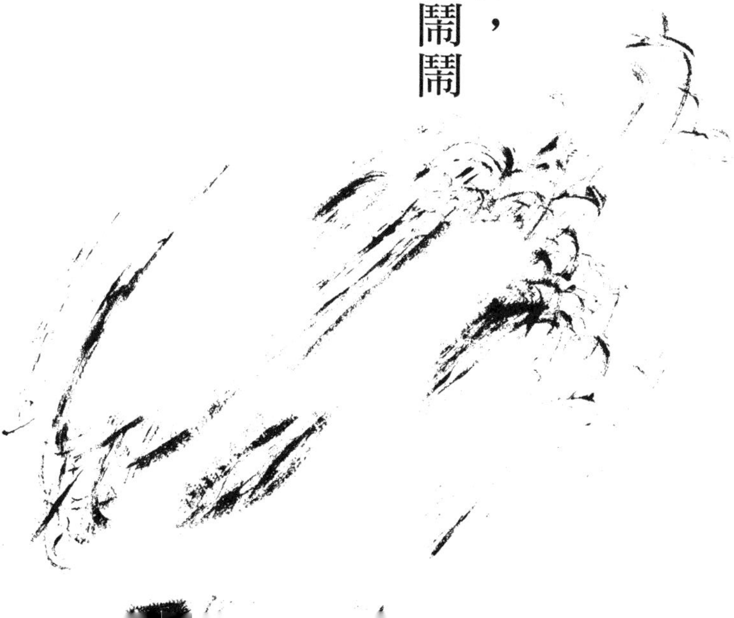

母親不像月亮。像太陽

許多人大概都學過這首：「母親像月亮一樣，照耀我家門窗……」這樣的歌頌，早早在我們幼小的心中刻上了雙親角色的樣板。經過多年性別教育與女權主義的傳播，現狀到底改變了多少？

看看電視廣告裡，多少媽媽在用愛心照顧全家人的三餐就知道。更不用說，所有那些與家事相關的清潔用品。

我對夫妻間該如何分工沒有意見，現代女性想再走回廚房，也是她們的自由。但在四十年前，做為一個非典型父母角色教養下的小孩，我仍記得，當時的我是如何充滿了困惑與不安。

四十年前有個媽媽是職業婦女很稀奇，因為鮮少在學校裡露面，同學都對她很好奇：你媽媽是什麼樣子？

別班的導師有次跟我說：我家跟你家十幾年前是鄰居噯！那時候只有你媽媽帶著你哥哥。我女兒最喜歡偷看你媽媽每天早上出門上班了，你媽媽好漂亮……

可是我媽完全沒有做菜天分。

她為我準備的便當經過學校蒸籠的加持後，一開蓋鐵定滿眼黃爛。上了國中，終於有了福利社賣便當，我和她都鬆了一口氣。這惹來了導師在班會上指桑罵槐：有位同學太浪費了，家裡好好的飯菜不吃，中午都把錢花在福利社……我心裡想，你知道個屁，我媽做的事可多了，只是不會做便當而已，這又有什麼要緊的？

只因為自己的媽不是會替小孩送便當的家庭主婦，曾讓年幼的我希望盡量迴避這個話題，不得不說，也是間接的性別暴力。

現在聽到「媽媽的味道」這句話我就想發笑。看別人的文章裡提到母親的飯菜，或是踏著裁縫車的身影，我會懷疑作者到底有沒有用心觀察過自己的母親。那樣的母親形象太簡省，成了一再被轉貼的符號，讓我想起嘲諷選美比賽的那個笑話：不管機智問答問什麼，都扯上世界和平就對了。

只能說，要寫出真實的母親，其實不容易。

母親癌症重病時，有一天突然用非常抱歉的口吻跟我說：「這十年我的身體壞了，否則住的這個房子早就該換了。我沒有力氣再搞房子的事，你爸又完全不管，所以只好還是住在這個老房子……」

沒想到我媽在病中竟然還掛念著，沒有讓家裡的景況繼續改善。

印象中平房換公寓，公寓換電梯，每回搬家都是我媽在打理張羅。民國六十幾年，感覺日子確實一天一天好起來。轉眼二十多年過去，才從美國念書回來的我，看到這個家確實是破舊了，堆滿了舊衣與舊家具，一副欲振乏力的樣子，像極了我媽那時的心力交瘁。

臥病的她嘆了口氣，接著要我答應：「這個老房子，我走了以後也不能賣！記得，這裡是你的根！……」

在告別式過後某天，一位老鄰居的女兒與我在電梯口遇見，說出了她對我母親的懷念：「我自己的媽媽沒受過什麼教育，所以我很喜歡跟你媽媽聊天，她好有智慧，了解我們這種家庭工作兩頭燒的困境……」

喔是嗎？我聽了既是歡喜，同時也幾乎忍不住眼淚奪眶：如果媽媽有一個女兒就好了……

但是在她那個時代，生兒子還是很重要的。她很厲害，一生就是兩個，一個不成家，一個不回家。

讓母親這輩子最驕傲、卻也最傷心受累的，結果都是同一件事。

一個外省家庭的由來

一般人對外省家庭的印象都脫不了眷村，但是我們家卻因為外公與父親都曾留歐，又都在大學任教，眷村於我也都是另一種文化。

母親是獨生女，在她十三歲那年，我的外祖母就出家了。外公再娶，母親不見容於繼母，連逃出大陸都是跟著自己的三叔一家，親生父親早就與繼母先走了。十九歲就結了婚的母親，有她的不得已。而父親的老家因為是地主被鬥，在北京念書的他知道不能回去了，一個人跟著政府跑，一路杭州廣州到了基隆下船。想當年他也不過二十年少，什麼都沒了，只有一條命。

我成長的家庭無異於一座孤島，父親這邊一個親戚都無，母親那邊只有幾個堂兄弟。平日就只有我們一家四口自己過，沒有親友串門子，沒有眷村的婆婆媽媽，過年過節會去外公家吃頓飯，如此而已。

來自北方的父親與出生南方的母親，起初在飲食習慣上一直不合，據說第一次母親參加父親的同學聚會，大家在下水餃，母親卻一個人吃著蛋炒飯，因為麵食對南方人來說，只能當點心吃。

五十年後，又有什麼南方北方之分？每個家庭都是不同文化磨合的結果，到最後都有了自己的樣貌與文化。

在台灣，雙親外省的家庭，也就只到我這一代為止，基本上就快消失了。這個島上因為長年的政治傾軋，不少人卻對「外省」兩字仍一直有種奇特的想像或誤解，更不乏把家庭情感認同與政治認同混成一談的。

外省的家庭無論怎麼說都是殘破的，不是少了外公或外婆，就是沒見過爺爺奶奶。老家的故事，也不是每個父母都愛說，因為不想把自己的遺憾、內疚、恐懼、悲傷傳給下一代。

我們不敢多問，但也無可避免地，一點一滴將那些不可說的破碎，內化成了自己的一部分。

・・・

某年的春節前後，晚上無意間轉台看到鄭、于兩位主持人的談話性節目，聊的無非是應景的過年習俗。聽到了于姓女主持人說到小時候在家裡，過年前媽媽總要忙著蒸饅頭，相信節目中其他來賓都跟電視機前的我一樣感到意外：大概之前很少有人知道，她的父親是外省北方人。

過年的時候要蒸一個特大的饅頭，用來祭拜，不能吃的，她說，這是她父親老家山東的規矩。

男主持人接下來的發問想必讓她也傻眼：爸爸過世之後，妳媽媽還是照樣做嗎？那言下之意，彷彿北方饅頭是一種外來文化侵略，本省籍的母親終於可以擺脫了？

女主持人頓了一下，正色起來：當然，那是維繫住我們那個家的傳統啊！

看到這一段，我不知該對男主持人的無知生氣，還是覺得可笑就好。

家之所以為家，就是因為那些跟隨著父母長輩過日子的痕跡刻紋。女主持人的母親雖然是本省人，但是半輩子之後，大饅頭也就成了他們那個家過年的象徵，無關夫家還是娘家，本省還是外省。

所謂的外省家庭，如果要我形容，就是一群很早沒了爹媽的半大孩子，摸索著成長，就地取材弄出了一個家的樣子，在戰後學習遺忘，學習重生，然後凋零。他們留給台灣的，又豈止是牛肉麵與饅頭而已？

父親幾年前接了家族裡唯一還在世的二弟來台灣小住，從相見到日後的通訊，我聽到的都是二叔對父親當年離家惡毒的指責。那些連我都看不下去的信，讓我體會到那份活下來的沉重，無論是對父親還是二叔來說。

原來，那是一個永遠的傷口。

一九四九的命運路口

小時候發現母親身分證上，父欄記載的並非外公的名字。我問那是誰，母親的回答更奇怪。不認識，她說。

懂事後聽多了從大陸撤退的故事，讓我開始不得不相信命運。最後能到台灣來的那一小撮人，他們被一隻看不見的命運之手輕撥了一下，便如同種子般骨碌碌滾落到一個南方之島上。

兵荒馬亂的一九四九年，許多人在當時逃離了赤化的中國，卻因拿不到入台證，最後也只能黯然回鄉，接受了被整肅的命運。

話說那年夏天，母親隨三叔公一家去廣西玩，誰也沒料到共產黨南進勢如破竹，再回到家鄉已經人事全非，外公與新婚的妻子不知去向。藥房掌櫃告知，有一封從香港寄來託轉的信被他退了回去。寄信人名字他記不清，說了三個字有兩個對上了外公的名字，三叔公猜八成就是。

幾個村子的人都被解放軍俘虜了押著走，隊伍中母親與三叔公的女兒機伶地東瞧西瞧，識破他們管理不甚嚴。裹小腳的三叔婆一聽要溜，嚇得先沒魂了。來不及多考慮，眼前一見有小巷，他們就拖著腿軟的叔婆閃身鑽入，開始死命地跑，豈知當下的一步險，竟是命運的第一個分岔路。

• • •

到了香港，連個地址都沒有，放眼到處是跟他們一樣尋求投靠的難民，外公會在哪裡呢？

滿清時代出生的外公，五歲就考上了鄉試。民國了，廢除不平等條約後對庚子賠款求償的結果，這筆錢便成了公費獎學金，把一批批優秀的年輕人送去歐洲各國。外公就在第一批名單上去了英國，專攻經濟。回國後二十六歲就進了湖南財政局擔任要職。軍統局出身的三叔公認為，以外公的專長，在香港最快能找到的工作應是教職。

值錢東西早被搜光了，靠著偷縫在鞋底的幾塊碎金子，折騰輾轉好不容易到了香港，卻一直找不到外公。眼看盤纏就要用盡，而香港大大小小書院何其多，問到了第七天都仍落空。暫棲廉價出租的大通鋪，看著同樣的落難之人，不少人已經落寞地開始打包了。

流落乞討與回鄉共產，命運的分岔全在一念之間。

三叔公決定再撐一天。過了這天如果沒結果，也只好跟其他人一樣回老家去。不可思議的是，竟然就在最後這一天，在港島最偏遠的一家商業學院裡，一家人痛哭重逢了。

外公一直在等入台證沒消息，後來聽說，因他不是ＣＣ陳誠派的人，所以入台被壓下。那時入台申請已越來越嚴格，外公在申請時又沒有填報母親的名字，怎麼辦？同鄉們開始互助吧，如果知道有親友已經到台灣的，就借用他們的名，所以母親就成了別人家的女兒。

匪諜以此法混進來的也不少，算是白色恐怖背後的另一成因。一直到我念大學，政府才公布了既往不咎的自首條例，母親的身分證才終於更正過來。最後雖填上了外公的名，卻只能標記養父，還是遺憾。

・・・

這群外省人幸運地來到台灣，好像除了個人的偶然機遇外，冥冥中也有一股力量在推移著。不管政治上如何解讀，在我的文學想像裡，這座島的命運裡，早就預留好了這些人的角色位置。

華人在那個年代，大多數人一輩子都沒出過一個縣或一個島，只有在台灣，五湖四海來相會，一場時代悲劇，最後成了一碗台式酸辣湯，任何別處都沒有的口味與記憶，標記出了我們的身分。

父母那輩當然不會意識到什麼多元文化的，他們只是用他們的一生，留下了一些故事。

我差點快忘掉的故事。

他們是怎樣長大的？

我喊外婆的人不是母親的生母，對母親很不好。那時母親才十七歲，剛來到台灣就染上肺結核，立刻被丟進了療養院。病癒後也不讓回家，最後竟是由外公的好友接回去他們家照顧，之後這位世交也幫十八歲的母親安排了工作，在桃園的一所農校當職員。

母親在那裡遇見了教美術的父親。

早年的故事，他們從來都是點到為止。父親更說得少，我僅知道的一些，大多還是經由母親的轉述。

你爺爺三十幾歲就過世了。母親說。

你父親十四五歲就被送到東北的親戚家。你爺爺不太喜歡他。跟你父親剛結婚的時候，他常常做噩夢，夢到共產黨來了把他抓走。你父親從小很頑皮。你父親……

父親親口告訴我的故事不多，最常講的只有這兩件。一件是老家有年遭土匪，土匪綁走了我的曾祖父，家裡得賣地籌贖金，非常慘澹也心驚肉跳的記憶。另一件，喜歡畫畫的他，後來隨我當中醫的曾祖父去了北京，看到北平藝專在招生很心動，但考試項目中有素描這一項就傷腦筋了，因為那之前他只學過國畫，從沒拿過炭筆。只好拜託管理員幫他開了素描教室的門，他才第一次見識到炭筆素描是什麼。

美術的天分，加上那天下午用眼睛的惡補，父親果然就考上了，成了徐悲鴻的學生。少年時沒有父親的疼愛，他終於找到了繪畫，有了歸屬。（你父親那時候在藝專念書，每天還是要給爺爺做飯——母親的幕後旁白出現。）北平淪陷後，父親逃至杭州收到一封徐悲鴻恩師的來信，他一直保存至今。

婚後第四年父親考上了公費留學。而像小孤女一樣的母親，在娘家回不去、丈夫在國外、還帶著一個稚齡兒子（我哥）的那些年，不僅完成了台大商學系的學位，之後進入了那時剛成立的台塑公司，半工半讀，成了一個獨立的現代女性。懂事之後的我幾乎無法想像，若是把我丟到當年他們的處境，我該怎麼辦？

父母都是憑著努力與決心，一手改變了自己命運的人，所以他們對我的教育方式採不加干涉，但凡事自己要負起全責的嚴格態度。要念文學，可以，未來自己要想辦法填飽肚子。父親自己是搞藝術的，而母親在職場忙碌之餘，也不忘情小說創作。但是他們從不曾對我說過像是，「那你就安心寫，不用擔心工作」之類的話。

戰亂的憂患意識造就了他們，而我不知算是聽話還是叛逆，覺得你們做得到，我也可以。大學剛畢業那幾年，我又上班又寫稿又兼補習班教英文，很拚。這樣的家庭教育，我感覺終生受用。倒是我哥，到了五十歲都仍會埋怨，父母沒有給他更多的支持與栽培。

然而，兩個都算優秀的人，放在一起成了家，卻成了彼此這一生的痛。

但他們一定曾經是相愛的吧？

不然，父親怎會把不輕易說出口的童年悲傷，悄悄告訴了母親？難道不是因為她是他最相信的人？嫁給一個窮藝術家，那更是需要勇氣，她一定也相信過，這個男人，會有出息的吧？……

日後明知個性上有太多的不合，但他們還是堅持到了白頭。

究竟該為他們這樣的毅力慶幸，還是難過，這也成為我這一生無解的痛。

・・・

我高中就讀師大附中，那也曾是父親在台北第一份教書工作的所在。

記得新生訓練那天，大家在操場上一班班排好隊，等著班導來認領。一個滿口四川鄉音的女老師走到了我們隊伍前，我心想不會這麼巧吧？結果三十年前，父親住在學校宿舍時的隔壁鄰居，三十年後果然成了我高一的班導。教數學的胡群英老師，早在我考上附中之前，就從父母的附中回憶中聽熟了。胡老師那時自己剛流產，所以每次經過，看到剛滿週歲的哥哥就要用四川話說一句：「迪迪你漂亮喔！」

一排教員宿舍裡住的都是像我父母一樣，剛因大陸淪陷來台準備重新落地生根的小家庭。大家都一樣的年輕，一樣的窮，但那幾年的生活，卻是少數讓我的父母還能出現笑容的回憶——

「那時候到了月底，每天只能跟醬菜推車小販買五毛錢花生米跟醃菜，想多買都沒錢。月初發薪了，整條宿舍一定會聽見教國文的陳老師放大了嗓門喊孩子回家：妞妞吃飯了，有紅燒肉啊——就是要讓大家都聽見呢！」

「還有金老師，他們是鑲黃旗滿人貴族，什麼也沒帶出來，卻有一條宮廷用的繡褥。到了月底金老師實在饞得受不了，就把被子拿去當了，換錢買肉吃，月初發薪再贖回來。就這樣，這條被子在當鋪進進出出不知多少年！」

不知是否因為父母的「附中年代」裡還沒有我，我對他們的這段回憶特別感興趣。這批苦哈哈的年輕人，曾經都是大江南北各大學的高材生，一場戰亂把他們聚在了一塊兒，幫著彼此追女友，看著彼此成家與第一個孩子出生，也彼此鼓舞上進。

父親和那時教音樂的史惟亮叔叔感情好，一起考上了公費留歐，一起出國深造。「沒想到他這一生唯一廣為流傳的作品，就是附中校歌。」母親在哀嘆史惟亮老師的早逝時，總會打趣一句好沖淡悲傷。

母親一開始也在學校圖書館裡上班，沒多久就讓校長給「勸退」了。「因為你媽媽太漂亮了，才二十不到，那些高中男生也不過十七八歲，每到下課就把圖書館擠得水洩不通，校長一看，這可不行！」父親說。

而那些男生裡，有後來也成為我台大外文系老師的小說家王文興。剛開始寫作的那位早熟小男生，經常會到宿舍裡找父親聊天。才四五坪大的小房間人來人往從不覺擁擠，母親的堂哥還曾搬來此避難。瓊瑤處女作《窗外》的男主角康南就是我這位大舅。那時還叫陳喆的高二女生，只能偷偷來附中宿舍找因師生戀被解雇的大舅。總是帶著稿子來，《窗外》已經開始動筆了，她寫一段，大舅幫她改一段。

前後僅那四五年，屬於我父母的那場青春，就隨著父親出國而結束了。王文興老師即將赴美留學前，還特別回來這裡辭行。而隨著陳喆成為了瓊瑤，大舅酗酒潦倒過世，這段淒慘甚於淒美的往事也不堪再提。

是冥冥中的安排，讓我走上了寫作這條路嗎？

雖然我要十年後才會出生，我卻一直有種幻覺，父母的附中年代裡，我其實也曾在場的。

附中三年，我走遍校園裡每個角落，彷彿能看見父親騎著腳踏車，母親牽著哥哥的身影隨處浮現。

如果，他們就一直沒離開過，像胡老師一樣在附中做到退休，我又會有怎樣不同的人生呢？

・・・

母親十九歲時懷了我哥，住在師大附中的宿舍，等待生產的日子裡常借閱圖書館裡的小說打發時間，算是她與文學結緣的開始。

那時香港有一個非常有名的《祖國》雜誌正舉辦小說徵文比賽（那時還不叫文學獎），學校老師裡不乏北大清大的高材生，對於創作人人都有一點夢想，帶著一點自負，看到消息後每個都開始摩拳擦掌。年紀最小的母親也跟著大家湊熱鬧，投了一篇小說參賽。

結果跌破大家眼鏡，母親的初生之犢之作竟得到了佳作，其他那些高材生們則全軍覆沒。（台灣的得獎人好像並不多，印象中有彭歌。）獎金讓奶粉錢有了著落，也許是讓當時的母親最開心的事。

之後，母親帶著我哥半工半讀，從台大畢業後扛起生活的擔子，然後又是我的出世，裡外忙個不停……母親再重新提筆寫作，已經是相隔十七年後。

她投稿到「中副」，三天後就收到主編孫如陵先生來信，期望她能繼續寄稿。念小一的我，對母親那年裡在「中副」連續發表了七、八篇作品印象深刻，因為每當文章刊出的那一日，家裡的氣氛就不一樣了，好像有種神祕的好運，藏在大家的微笑裡。那之後沒多久，母親便出版了她的第一本書。

然後她又停筆了。

我當時年紀還太小，不懂得她每次的停筆與重新攤開稿紙，這中間有多少難言的心情流轉起伏。

母親的寫作沒有接受過任何的後天訓練，好像只要她想寫，就一定會得到一些肯定，大概就是屬於天生的那種。等到我上了大學開始接觸文學理論，對於像她這種直覺式的創作者，老實說有點不以為然，認為寫小說必定有一些原理或竅門，結果一度搞得自己神經緊張。

苦悶與對自我的懷疑看在母親眼裡，她的反應竟然是，有那麼困難嗎？不就是寫好了然後投出去嗎？

這簡直是火上加油。我心裡暗想，那妳為什麼不寫？

奇怪的是，我也一直沒想去了解母親為什麼沒有再寫。作家與藝術家們大概都很自私，只會先想到自己。

・・・

從職場退下，她才又開始塗塗寫寫，也會去投一些文學獎，雖然沒有名列前茅，但還是每投必中。這讓當年總在鑽研創作技巧與理論的我，有種哭笑不得的感覺，只好稱她這種是素人的好運來自我安慰，甚至不曾正經來好好讀一讀她的作品。

等到我開始出書時，母親那時身體已大不如前。我出國念書的第三年，母親又有一本短篇小說將結集出書了。這回她以一個業餘寫作者的客氣口吻，對她看似比較「專業」的兒子說：可不可以幫她「看一下」？

我幫母親的這本新書寫序，並不是因為她是我的母親，而是我震驚地發現，以前我以為她只是天生會說故事，沒想到她的「技巧」是我學不來的。

那是一種像蚌殼吞了沙，卻能痛苦又溫柔地將那粒沙孕成珍珠的絕技。生命中歷經的苦，在她的小說中都成了理解與寬容後，一種淡淡的嘲諷，沒有自溺或自憐。她是怎麼做到的？

結果換成了我小說停筆十年，因為一直沒有準備好，哪一天自己也能像她一樣，把現實勇敢地磨成一顆顆沙，再一顆顆吞回去。

母親過世前兩年，我才終於問了她那個問題：「妳都沒有想過，要成為一個知名作家嗎？」

「當然有啊，」母親給我的回答是，「可是我們那個年代不像你們，婚姻裡是容不下一個女作家的。你看誰誰誰還有某某某，他們的家庭後來都完了。而且，有你爸搞藝術就夠了，兩個人都創作，誰來顧家呢？」

失去的預感

母親罹癌末期，病勢發展迅速如快放影片。每週還是得回花蓮教書的我，來來去去間有一種錯覺，病魔都是趁我不在時偷偷攻城略地，一進家門才知，上週的防線又再失守了。

那天回到家，第一眼看見母親在自己倒水喝的背影。化療後頭髮掉光，那顆乾核桃似的腦袋用頭巾包著，幾天前還能緩步行走的她，此時得以手扶牆才不會摔倒。等她回過臉，我著實被眼前的景象嚇了一跳。

一個人的生命怎會在短短幾天之內，如一杯水被倒去大半？生命之有限原來不過就一個手掌的份，一下子就握不住了，就這樣全流光了。她的憔悴與不堪折磨的悲傷，全寫在那張枯黃削瘦的臉上。那當下我整個心冷了，我恍惚明白半年來的抗癌艱辛都將付諸流水，我即將要失去母親了。

「爸呢？」

「去台中開會。」

「這時候還跑去開什麼會?!」

但正如我還是要去花蓮上那個什麼課，活著的人都只是低著頭默默在推磨的一隻牲口。就像福克納小說《出殯現形記》（*As I Lay Dying*）中，兩兄弟在母親臨終前仍得接下運木的差事。但那位母親至少還有其他子女在側，甚至還可指定哪個兒子為她製棺，敲敲打打的聲音近在窗前，就是死神的鼓聲頻催了。多年後我才驚覺福克納的小說何等逼真，在當時我確是聽到了死神腳步，卻腦中一片空白，不知道我該做什麼，我還能做什麼。

結果接近不惑之年的我，只能又做回了母親的小兒子，對她說：我好害怕。

母親聽見我的話，很平靜地回答：「別怕。我十三歲就沒有母親了，你都三十好幾了。」

然後就盡在不言中了。

一直到她過世前，我們都沒有再提過跟死亡有關、或有任何暗示聯想的字語。

• • •

母親十三歲那年失去了她的母親，不是因為死亡，而是外祖母突然就決定出家了。當年家大業大的外公，只有母親這個獨生女，在多年後好不容易才得一子，卻在抗戰勝利後家鄉歡慶的席筵上，幼子吃了不潔的東西，得了急病過世。外祖母喪子後就變得有點瘋瘋癲癲的，沒有精神醫學的年代，只好請了尼姑和尚來家裡成天唸經。

母親的童年至為寂寞，堂兄弟姐妹非但不能相伴，反而每個人都忌妒又帶著惡毒地看著這個小女孩有一天要繼承大筆家業，有種虎視眈眈的不懷好意。然後小女孩的母親就走了，抛下了一切在碧雲寺內剃了度。小女孩的父親也並不勸回，自己很快又再娶了。

這個世界的殘酷與荒謬，十三歲的母親被迫提早認清了，不是每個父母都一定疼愛骨肉，或者說，女兒在那個年代是不值得疼愛的。

到了台灣後，什麼家業都沒了，只有新進門的後母對她極盡苛虐，要她簽下共同生活條款，煮飯洗衣打掃種種家事都要同意外，還外加絕不可與後母頂嘴等等羞辱人的列項，完全不顧母親那時還患了肺結核。母親並非不能吃苦的人，是那種對她的羞辱難以吞忍，更苦的是，曾經心目中偶像般的父親完全變了一個人，加入了後母對她的挑剔與冷言相向……

「媽，我們來給菩薩上個香，請她保佑妳，好不好？」

因為外祖母的緣故，家中也供奉了觀音佛像，但我們並不像那些初一十五吃素的虔誠佛教徒，按時頂禮膜拜。菩薩在我們家，感覺比較像家庭成員的一分子。

安靜的黃昏客廳裡，母子兩人各自對菩薩說出了心底的祈禱。沒幾日後，母親便只能臥床，再起不了身。

母親叫我不要怕，我卻忘了問她，那妳怕不怕？

・・・

母親罹癌兩次，中間相隔二十年。兩個不同的部位，再怎麼說已經隔了這麼久，我很難相信是復發。但醫生說也有可能。

第一次，母親檢驗報告出爐也正好是我大學聯考放榜。雖考上了第一志願，但只高興了一週，而且當時並不知，連我整個大學四年都將會是籠罩在母親之後病況不斷的陰影中。

人生之苦，得不到是一種，辛苦得到了卻發現並非原來的想像，那是另一種。杜鵑花城的歲月，我沒有過黃金年華的心情，時常在一種恍惚的狀態，心裡總記掛著，我們這個家接下來怎麼辦？

手術切除腫瘤後，母親開始一路暴瘦。病前略顯富態的她，體重從五十五掉到了三十七，手腕細得像根茄子，臀部無肉到不能久坐。遍查原因不明，一說有可能是醫師開給她口服化療劑時「忘了」開胃藥，把消化系統搞壞了。

家裡就三個人，父親在忙，所以下了課我就得往家裡趕。一開始同學也許覺得我這人很不合群，從不參加系上活動，焉知我沒那個時間心情。唯一讓我能暫時忘憂的只有戲劇公演，扮演另外一個人。

都說癌症跟心情息息相關。

・・・

母親生病的前一年得到一個文學獎，獎品中包含美國來回機票一張。雖然我哥並沒有開口邀她，但母親或許希望之前彼此的心結能化解，興沖沖地說要去看他。結果我哥的回答是他很忙，要來她自己來，他沒空去接機，來了之後他要上班也不可能陪她，沒有一點歡迎之意。母親把那張來回機票賣了。她在世之年也從未聽我哥開口，說過要接她去玩。

至於我哥在美國三十多年，帶著全家妻小回台灣來看父母，也只有那兩次。一次是因為他辦綠卡出了問題，被迫得先出境，而另一次就是，母親的告別式了。那年他被迫回台，虛弱的母親一看見他立刻伸臂擁抱。為什麼母親能原諒他？這也許只有做父母的人才懂吧？

即使綠卡當時辦得並不順利，我哥在家裡住了半個月，仍然只是揮揮衣袖，又走了。看見他餵女兒吃一種稀泥似的瓶裝嬰兒食品，倒是給了我一個點子：那是不是也可以給吸收不良的母親食用？

果然這個想法是對的。之後三四年，我每個週末都得上台北百貨公司的超市，搬回一堆在三十年前還很少見的進口嬰兒食品。

但暴瘦還只是母親病況的開端。

她開始夜夜不能睡，半夜會哭鬧，還不時想尋死跳樓。三十年前還沒有憂鬱症的常識，對婦女更年期也沒有像現在這麼注意，我只能一夜夜陪著她耗。直到有一天，我跟父親說也許應該帶母親去看精神科。此話一出就是不孝，精神科三個字在當年仍是禁忌。但事後證明我是對的，母親不是神經病，她只是憂鬱加躁鬱。

母親的體重總算在三十九公斤穩住了，助眠鎮定與抗憂鬱的藥卻從此沒能停。這個過程中我也承受了極大的壓力，造成了早發性禿頭。等到母親病況穩定，我的前額禿竟也不藥而癒，又冒生了新髮。

陪伴母親第一次抗癌成功，卻沒能在二十年後有第二次的幸運。

那通電話上，她告訴我子宮裡長了東西，當時我人在花蓮，回她說如果是零期那即早治療也好——顯然醫師誤診了。

為何沒有提醒她再多聽另一個醫生的意見？這讓我每次想到都仍懊恨不已。

婚姻的傷感

小學畢業快四十年，去年第一次參加了同學會。聽他們聊往事，有好多我竟全然不知。「你一天到晚在請病假，當然錯過很多啦！」甲同學說。

「而且我那時候就奇怪，不來上課怎麼都還是考第一？」乙同學接著道。因為我在生病的時候都還是會寫作業啦！我說。當著同桌級任導師的面，我怎好解釋，我其實沒那麼愛讀書，只是因為……

因為身體不好，沒法跟其他小朋友玩瘋。因為很早就發現，把書讀好就是我的保護傘，躲進傘下我就可以不被家裡無預警的高低氣壓籠罩。

同學會後，三十多年沒見的級任導師發來簡訊，問我遇到了什麼困難，為何看來心事重重？自以為與大家談笑正常，沒想到被父親的那個女人煩到不行的鬱悶還是被看出來了。約了去拜訪老師，飯後散步閒聊，我竟然脫口說出了壓放在心裡四十年的一句話：「老師，我從小就不是一個快樂的人。」

老師說她知道。她那時候就看得出來。雖然我一直是那個品學兼優，總被大家誇獎的孩子。

「有一次，我們跟隔壁班的洪老師吃飯，不知怎麼講到了婚姻這件事，你突然很認真的說，婚姻真的很無聊，為什麼不一開始就把所有的責任義務權利都寫清楚，像契約那樣不就好了？我當時就嚇了一跳。五年級的小孩子怎麼會說出這樣的話？」老師說。「然後我開始注意到，你是會把很多心事藏起來的小孩。」

雖記不得那個場合，但我相信我說過，因為的確是我的想法。原來我在小學的時候就很有自己的看法了。

・・・

父母親是自由戀愛的，從眾多追求者中母親挑選了父親，婚後才發現兩人對婚姻的觀念完全不同。夫妻中不需要哪一方有重大惡習，只要有一方不停地付出，而另一方認定何必多做，反正有人甘願付出，這個家就永無寧日。

小時候不懂母親性格暴烈是為了什麼，直到她老病後，再也沒有那種像馴獸一樣的精力盯緊父親，我才看懂，母親對父親一直仍有期待，以為至少走到晚年可以老來為伴。對於已無法再像以前那樣一肩挑的母親，父親卻開始出現了淡然與疏遠。

最後的母親節，不過是為了件小事，那天父親卻失控對母親發飆。

沒人說照顧癌症末期病人是容易的事，但父親難道看不出來，母親那時已經衰弱得連脖子都挺不直了，眼看來日無多，忍一忍會要他的命嗎？

去國十載歸來，我早就注意到父親在家裡總愛對著母親吼叫。那天，在一旁的我也放棄了阻斥父親這樣任性又可悲的行為，就讓他吼個夠。看著母親的頭低垂胸前，無力抬高，面對父親的咆哮，只能無語斜瞪。那眼神是怒是怨？是悲是憎？太複雜了，至今我仍無法忘懷，亦無答案。

雖知她腹腔積水嚴重，我還是強忍住悲傷，準備了一個蛋糕祝她母親節快樂。母親虛弱地看了一眼後輕聲道：「蛋糕不是圓的。」

之前只想著要挑鬆軟好入口的，竟沒注意蛋糕是方型的。一個圓形蛋糕，竟成了她生前最後的願望。重買來的蛋糕，她只吃了一口，隔日便又住進了醫院，昏迷四天後辭世。

・・・

在醫院守了四天後再回到家時，已經深夜凌晨。

才短短四天前，只切下一小塊的蛋糕還完好地在冰箱裡。但一切都不同了。與父親在沒了母親的屋裡，既疏遠又親近。以後就只有我們倆的日子，許多都得放下，更多的則得重新拾起。

擦乾眼淚，第一件要做的事情，便是挑一張告別式用的遺照。攤了一桌子的相片，我忍不住最先拿起的，是父母五十年前的那張結婚照。

照片中的母親大方甜美地笑著。聽母親說過，那時候很窮，借錢拍的結婚照，想多拍一張都不行。

追求母親的人非常多，這是親友間皆知的。母親來台前在澳門讀了一年大學，還有廣東仔追到台灣來。母親也說過，那個心碎的男生臨走時曾詛咒她，說她這一輩子都不會幸福，因為她不會遇見一個比他對她更好的男人。

說起這事，母親都要輕嘆一聲。

母親來台後沒有上學，患了肺病先是住在療養院，出院後因後母不容，被送到桃園一所農校當職員，在那兒認識了父親。後母還是不甘心，覺得乾脆把她嫁掉才算徹底掃地出門，於是強迫母親嫁給一個大她二十多歲的男人當續弦。母親無處可逃，求助當時已來到台北任教職的父親，幫她租屋暫避風頭。外公大發雷霆：「妳還有臉回來！」因為話傳到他耳裡，成了母親跟人同居了……

父親前往歐洲留學前，只留下了一點賣畫的錢當家用。那時母親覺得他會去多久？我問自己。一年？還是兩年？用我們這一代自認理性文明的看法，才五年的婚姻基礎，足以支撐二年以上的分隔兩地嗎？

家中老相簿中還有親友為父親機場送行的留影。沒錢買全程機票，只好先飛到香港再改搭輪船。母親那日塗了當年時髦的深色口紅，一點也看不出來其實心事重重。

聰明美麗又好強的母親，從不懂得裝痴裝萌的「沒有，不知，不會」的萬能三招。雖被後母逐出家門，但大概自覺比起隻身來台的父親，她總還有些遠房親友。加上外祖父在大陸湖南任過官職，尚有些關係可託，所以更早些時，生第一胎沒有奶粉錢，也是靠母親託人買畫解決了問題。

父親離台的第二天，八二三砲戰開打。

據母親多年後的回憶，當時確曾閃過父親可能會一去不回的擔心。沒想到他果然就滯留不歸……

在心裡藏了半輩子的許多話，第一次跟我敘述原委，竟是在她發現二次罹癌的三個月前，彷彿是有什麼預感似的。

我知道母親還有其他許多的心事，卻再沒有機會對我說出口了。

・・・

我把挑出的一張在紐約拍的生活照拿給父親過目。

嗯，就用這張吧，他說。

那一刻不知為何，我想到了母親在病床上曾對父親說過的話。「還好病的是我。如果是你病倒，我瘦得一把骨頭，怎麼可能照顧你？」

直到那時，我才突然像是懂了什麼，卻也更加困惑了：母親還是愛著父親的?!

母親過世後我才第一次聽到〈家後〉這首歌。不是江蕙的版本，而是黃小琥的翻唱。MV中用了許多平凡夫妻的婚照，泛黃古早的年代，影中人表情多半拘謹，但眼裡都閃著對未來人生期盼的笑意。「我的一生獻給你家，才知幸福是吵吵鬧鬧……」

當這兩句歌詞出現，淚水立刻模糊了我的視線。

幸福嗎？

但，倘若我不這麼相信，母親這一生又有什麼呢？

・・・

想起了那年夏天，他們來紐約看我。

母親向我告狀，父親在外面跟誰誰誰有不清不楚的關係。面對體弱多病十多年的母親，與身體仍壯的父親，我知道母親這場仗是打不贏的了。

婚姻究竟能保障什麼呢？母親的問題就是，她太能幹了。早年她還是個不可忽視的對手，大吵起來也算是河東獅，真要離婚的話父親也會受傷。但是自母親體衰之後，她從幹練時髦的新女性，變成了一個每天忙著家事，漸漸沒了聲音的主婦。我想不起來上一次看見父母親牽手是什麼時候了，在街上總是一前一後各走各的，更別說擁抱或攙扶。這樣的婚姻其實並不少，是責任與義務讓兩人繼續在孩子面前扮演父母角色。

我不相信愛一定要說出口，但生活中有太多可以表達感情的方式。母親不斷的抱怨，難道也是一種感情的表達？是用錯了方式，還是因為錯誤的期待，所以她才一直有求之不可得的憤怨？

我實在忍不住了，打斷了母親的數落：「妳自己不知道嗎？爸已經對妳沒有感情了。」

母親一下子全無了聲音。看著她怔怔欲淚的眼神，我嚇到了，好像她的一個祕密被我揭發了似的。

我很後悔，其實有些話還是藏起來比較好。畢竟，很多婚姻不是靠感情走下去的。

生死髮膚

我跟母親說要去幫她買假髮。

那時化療第一個療程剛結束，母親的頭髮一撮撮、一把把地開始脫落，家裡俯拾皆是。母親的髮質粗而捲，不是柔細如絲的那種，所以分量看起來格外驚心。

她的左肩上有一塊突起，那是為了化療而放置的人工血管。從那裡打進去被護理師暱稱為「小紅莓」的暗紅化學液體，以毒攻毒的慘烈廝殺開始在母親的體內展開。只因看不到節節敗退的殘破細胞，只看得到肉身表層的掉髮，卑微的希望才得以苟延殘喘。

決定是否要化療前，醫生對母親說，叫妳兒子來一趟。

醫生選擇將情形對我，而不是母親或父親解釋，老實說我當時就有了很不好的預感。醫生的意思，母親當時還不到七十，也許不該放棄化療，要我考慮看看。沒法在醫生的辦公室裡就做決定，還是把話重複給母親。家裡的大事總是她在決定的，不是嗎？

之前在和信醫院，那位腫瘤科女醫師竟然在拒絕治療之後，直接就說已經沒救了啦可以準備準備了，完全不管母親就躺在布簾之後聽得一清二楚。離開醫院前，母親走到服務處櫃台丟下一句：你們醫院何不註明「只收初期癌症病患」？

母親說，那就化療吧。

迎戰的緊繃氣氛讓我忘了她當時可能經歷的恐懼。有醫生朋友事後告訴我，有時明知可能無效，但他們還是會給病人一個治療進行中的希望。在死亡的輪盤還沒停止轉動前，多數人都不願放棄賭上最後一把。

問她有沒有想要什麼特別式樣的假髮？她只說，只要不是真人的頭髮就好，來路不明的真髮會讓她害怕。

那年頭還沒有網路搜尋，並不知要上哪兒才有假髮專賣店，只好滿街無頭蒼蠅似地亂問。豈料，最後竟然在忠孝東路上，一棟經常走過卻從沒多瞧過一眼的舊亂商城裡，發現了假髮店的大本營。

挑了兩頂跟母親平常髮型相似的，她很滿意。假髮問題解決了，但固定髮型的人頭模座卻更費周章，最後是在一間舊式家庭美容院才看到那種保麗龍製品，央求店家半天總算才肯賣我。

要不是掉髮我還不會發現，一直都染髮的母親，其實早已滿頭全白了。我安慰母親說，新髮很快會再生的。

起初精神尚佳時她還會說，假髮很方便呢，以後病好了也可以繼續戴。三個月後，當那軟絨如胎毛的新髮如一片薄薄白雪覆蓋，化療已證實完全無效了。無助的我回想起尋髮的過程，一如尋廟的朝拜者，竟妄想著一頂能讓母親不顯病容的假髮，就可以欺瞞過死神的巡邏。

我跟母親說，我來幫妳洗頭吧！

那時母親已經很虛弱了，我一手托住她的頭，一手小心地為那一片後來再也沒機會多長幾吋的細髮抹上洗髮乳，輕輕地搓摩，用海棉吸了水慢慢澆淋。母親馴順地不發一語，那一刻她成為了我的嬰孩。我隱隱知道，距離我們道別的時候已經不遠了。

洗好頭為母親拭乾時，她只說了一句，嗯，洗個頭舒服多了。

母親入棺時我幫她戴上了其中一頂假髮，另一頂就被我收著。

告別式後我哥嫌棄地瞄著那個保麗龍人頭說，丟了吧，看起來怪恐怖的。自己的母親有啥恐怖的？我心想，反讓我決定要繼續保存。

對於始終不在病榻前的他來說，也許那頂假髮不過是件怪異的遺物。但對我來說，那卻是母親最後的側影。

媽媽，我在湖南了

小時候的印象裡，湖南從來不像是一個地方，它的存在只能用方言口音來辨識。父親是北方流亡學生，隻身來台，母親則是湖南零陵縣人，來台的親戚較多，每年三節的親友聚會，一屋子的湖南話，好像這種口音到了哪裡，哪裡就成了湖南。

母親普通話其實說得很好，所以每次聽她變換聲道講起家鄉方言，總覺得又有趣又神祕，彷彿母親有另外一個我不認得的身分。

年紀越大就越能了解，那也的確是真的。

那個在家鄉時的千金大小姐，和來台後被繼母欺虐身世飄零的母親，她們早就屬於不同的世界，只有跟親友講起家鄉話時，她看起來會比說著普通話時多了一份自信與小女兒家的嬌憨。而那口湖南話在我聽起來，還真是土。

一直也只能聽懂個七八分，更不用說把「媽媽的話」學起來。過去二十年台灣的中小學教育裡多了「母語課」，好在這些教改「有識之士」只把客家閩南與原住民母語列入課程，否則外省方言五湖四海，母語課怎麼開得完？

雖然不會說湖南話，但聽多了也慢慢開始能分辨，零陵的口音跟長沙的口音也是不一樣的。記得小時候，母親經常拿自己的口音開玩笑，模仿起念中學時上英文課，老師用的是湖南話唸ＡＢＣＤＥＦＧ，發音成了：「欸鼻稀迪義阿府直」。每次母親說完自己都一定先爆笑。

母親死後，我的世界裡就再聽不到湖南話了。

所謂當年的那些「親友」，都是遠房堂表叔嬸，母親自己並沒有血親的手足。在剛到台灣的那些年，戰火離亂後倖存又能同聚的他們，管他究竟是不是一表三千里，都成了一家親。而隨著重新落地生根後，有了自己新的娘家或岳家，這些聯繫也就慢慢淡了。淡到我都開始忘記，我是從小聽著湖南話長大的。

・・・

身體裡流著一半湖南人的血，卻是到了五十歲這年，我才終於第一次踏上湖南這塊土地。

二〇一四夏末初秋，與一群作家們到了湖南參訪。一落地，我趕緊找來一份大地圖，尋找零陵縣與所在位置相隔多遠。雖然行程上沒有這一站，我心裡總想著，也許途中可以脫隊，如果只是一兩小時車程之隔而已的話。我也不知想要走一趟零陵的目的為何，那裡早也沒有母親的親人了，就好像，是代母親去走這一趟吧？

但是我在地圖上找不到零陵縣這個地方。

我只能看見一個新的大行政區叫永州。永州八記。小時候母親就告訴過我，那就是在他們零陵縣。但是如今零陵縣的地名卻消失了，我依母親曾提起過的家鄉附近城鎮名索查，距離母親家鄉最近可尋的地點，大概就是白水灘。

雖然因此打消了脫隊的念頭，但隨著旅行團的路線越向南行，我的心情越是止不住地波動起來。因為雖然看不見零陵，但是卻開始聽見跟記憶中母親相似的口音；距離永州越近，聽到的頻率就越增。我的聽覺中有一塊曾退化的檔案又被重新開機，我在心裡跟自己說，哪裡有零陵話，哪裡就是母親的老家，其實這樣的想法一直都是對的……

一回飯局過後，在餐廳外抽菸時我聽到身旁的老兄在講手機，心裡一震。聽了好幾天湖南話，這人的口音才是最接近母親的，絕對是母親老家附近的人。他那口標準零陵話立刻將我帶回了童年家族聚會的記憶……

您是白水灘那兒的人吧？等對方掛上電話，我問道。

他帶了點驚訝，怎麼有位說著標準台胞式普通話的遊客能聽出他打哪兒來。

我笑了。沒錯，我真的是半個湖南人。

搖到外婆橋

小時候，家中定期都會收到一封航空信，郵票是英國女皇頭，地址是「窩打老道」××號。多麼好笑的街名啊，小時候對那幾個字望文生義，心想一定是有一群老人窩在那裡。直到一九九四年第一次去香港我才恍然大悟，原來是粵語發音的Waterloo Road，滑鐵盧道。

那些信是託人代轉的。

兩岸沒有開放之前，許多外省家庭一定都收過這種信。好不容易打聽到了親人下落，就託人在第三地幫忙轉信。外公的這位學生也真是有情有義，這個忙一幫就是三十年。

「老師父來信了。」母親都會這麼說。

對出家的母親只能稱「師父」，這是一種什麼心情？

•••

在電視上看到橫述法師說起她母親來佛寺探視她修行，她恭敬問候「施主好」，結果她的母親立刻回嗆：「少來這套，我就是妳媽！」我們這位橫述法師之後自問：放母棄子就叫做六根清淨？未免自欺欺人，所以後來她也會回家陪母親打個小麻將。我看到這段就笑了，但是笑中帶了點心酸。

連入了佛門都可以轉身回去承歡膝下，但是我的母親已經不在了。而分隔我母親與她母親的，卻是歷史的宿命。

話說外婆那年跑去出家了，外公當時認為外婆一向驕縱，肯定吃不了苦，鬧個幾日就會還俗。那個時代重男輕女，外婆捨得下母親並不奇怪。外公沒等到妻子還俗就立刻再娶，說是希望能有兒子傳香火也不算奇怪。奇怪的是，隔年大陸就失守了，出家的妻子就被丟在了家鄉，這一點頗讓我震驚。

出家的是外婆，但真正斷捨離做到六根清淨的反而是外公？唉呀會不會是外婆中了外公的圈套？

「那時以為共產黨只批鬥地主，出家人應該沒事——連日本人都對出家人很客氣——誰曉得會搞出個文化大革命？『老師父』在文革時吃了很多苦，能活過來真是菩薩保佑！」母親說。

所以我也不知我們家到底算不算佛教徒，供著菩薩卻沒有照佛教的儀式參拜。也許那只是一種母親對外婆的思念，佛在我們家走的是人性化路線。

搖啊搖，搖到外婆橋。

小時候不懂，以為外婆橋在一個叫窩打老道的地方。

・・・

外公兩袖清風到了台灣，一直在台大教書到退休。他的一口湖南話很難懂，但是留英的他仍能用濃重口音的英語與外國人對答如流。我記得的他總是一身藍色長袍，拄著枴杖。也許是因為我出生時他已經很老了，我們不曾單獨有過什麼交談互動。難得有一回，他教我陪他到後院的荷花池，動手摘下一枝蓮蓬，剝出了裡頭的蓮子塞進我手中，那是我第一次嚐到現摘的蓮子。

外公丟下髮妻，把母親趕出家門，卻仍沒如願得子。領養了一個男孩，只比我哥大兩三歲，我們喊他小舅。

小舅是領養的這件事一直瞞著老師父。所以她一直以為她的出家，到底換得了外公有後，這個善意的謊言始終讓我覺得殘忍。

雖然已是出家人，但我的外婆顯然不曾真正放下她終生無男的遺憾，只好把注意力又轉到母親身上。自己的幼子夭折了，便開始操心母親只生一個孩子還是不夠。

「我跟你爸本來都要離婚了，結果我發現又懷孕了。就在這時接到老師父的來信，說她已經唸了半年的經，要菩薩再給我一個兒子，所以就沒離婚，於是才有了你。」母親說。

但是這說法顯然有漏洞，母親那時怎知一定懷的是兒子呢？而且，等我年紀稍長，很快便想通了這故事背後另一層可怕的含意：如果沒有老師父的來信，我來到世上的第一站，是否就是某婦產科的垃圾桶？

也許，母親只是希望用這個故事，讓這位今生不得見的親人能和我的生命相連吧？

・・・

而隨著我在湖南的行程南移，喚起記憶的不光是只有口音，還有料理的風味。

在餐桌上第一次看見醃白蘿蔔皮，我激動得說不出話來。台灣人只吃蘿蔔乾，但這道只用削下的皮做成的泡菜，我只有小時候在自己家吃過。母親親手醃做泡菜，那是多久以前的事了？

把白蘿蔔去皮，內肉切成塊跟排骨燉湯，切下的皮晾乾，用鹽抓一抓，再放幾片辣椒，過個兩三天就可以吃了。這是小時候經常上桌的家常菜。

白蘿蔔皮的口感極佳，生脆又有嚼勁，還帶了點淡淡的辛辣。因為在外面的館子裡從未吃過，這彷彿是母親自己發明的一道私房菜。直到這一天在韶山又與它久別重逢，我才突然理解了，為什麼只有小時候才吃得到母親的泡菜。

那是鄉愁的密碼。故園不再，太多的眷戀已無益，卻又無法完全割捨，只好將情緒記憶用一道道簡單的醃菜代替。不用太複雜，卻絕對道地。也只能當小菜偶爾佐飯，幫自己找到歷經生離死別後的一點平靜。

母親的鄉愁密碼還有豆豉辣椒，辣到全家只有她敢碰，裝在一個小玻璃瓶裡。每次挑出個一小匙，母親邊吃邊會說，辣得過癮。

另外同樣讓我記憶深刻，只有在家裡才吃過的一道醃菜是芥菜梗。厚又胖的芥菜梗一片片裝進小盆裡，要等它微微發酵，一開蓋有一股怪味撲鼻，就算完成了。小時候我嫌它帶苦味，並不愛吃。母親開蓋檢查她的心血時，我總在一旁喊著：「薰死人啦！」

當時不知道，能吃到母親親手醃製的家鄉味泡菜，也只有那幾年時光而已。同樣的，以前小時候父親也一定要自己親手做他們正宗北京式大滷麵，總嫌外面做的不到位。他所謂的京式大滷麵，據說是滿清宮裡頭傳出來的，木耳黃花，蛋花白切肉，最後還要淋一點陳年黑醋提味……

然後，不知道從什麼時候開始，他們都不再堅持所謂的正宗家鄉菜了。

是因為慢慢地，終於能夠跟故鄉揮別了嗎？當在台灣生活的經驗已超過印象中的老家歲月，是不是才讓他們終於說服自己，那些口味真的已是過去式了？

還是說，看著下一代子女開始融入本地的飲食習慣，同時漢堡三明治越來越西化成了偏愛的主食，原來他們還想藉家鄉味把記憶傳承的用心，開始顯得徒勞無功而決定放棄？

・・・

陪父親回過一次北京，我吃不到所謂的家鄉味，反而不時便走進台商經營的館子，標榜了台灣口味。

而來到湖南，那一小盤不起眼的醃白蘿蔔皮，竟讓我陷入了無限哀思。母親過世已赫然十年了……

那些家鄉菜因為簡單，反而有種更真實純粹的口感，才能夠在記憶裡一直留存，不會跟其他烹調的酸甜苦辣混淆。精采的人事物有時反而容易成為過眼雲煙，顯得越發不真切。家常的平淡，到了我這個年紀才發現，它一直堅持在記憶的某個角落守候著我，不曾離去。

記憶中，幼稚園的我最喜歡吃母親做的一道點心，做法再簡單不過，就是攤個甜雞蛋餅。一點點麵粉，一點點糖，和進金黃的雞蛋汁裡，然後煎鍋上翻面幾回就成了。星期天的早上，甜雞蛋餅曾是我最盼望的早餐。

大概就是太不起眼了，外面餐館裡從沒看過這道點心。西式鬆餅這幾年在台灣大行其道，又是巧克力又是蜂蜜，還要加上冰淇淋與草莓……不管花招怎麼多，都沒法引起我太大的慾望。大概是童年時，母親那道近乎貧窮克難的甜雞蛋餅讓我太難忘了吧？

萬萬沒想到，在湖南某晚豐盛的晚宴後，服務生端上的最後甜點竟然是，久違了的，甜雞蛋餅。

那一剎，我在心裡不假思索冒出的一句話便是，媽，甜雞蛋餅耶，真的是甜雞蛋餅耶……妳看到了嗎？……

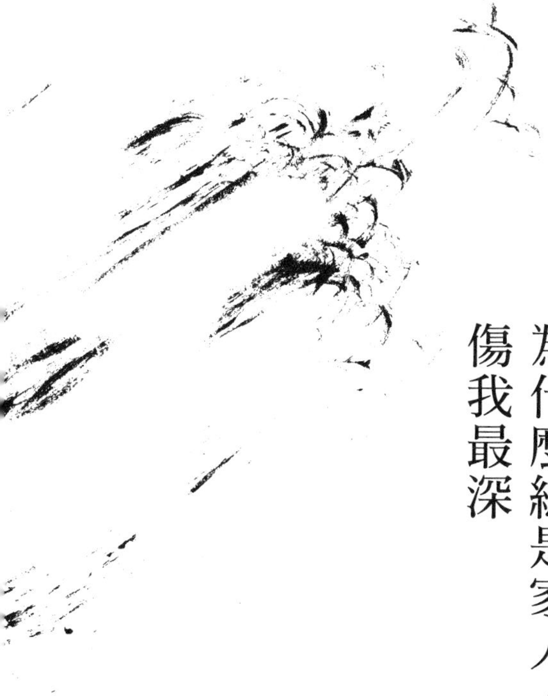

為什麼總是家人，傷我最深

冬噩

微溫陰影

那時候紐約市的雀爾西區還是曼哈頓的邊陲。這個城市的邊陲地區，都有著共同的面貌，不外乎是低矮的老舊公寓，轉角價廉的小吃館，各色的移民面孔與一種緩慢的節奏。

在二十三街的地鐵下車，走進第八大道，不過才隔了幾條馬路外的人車熙攘，在這裡都已被消音。曼哈頓的冬天與雀爾西，不知為何在我後來的記憶中總是聯在一起。不是洛克菲勒廣場的溜冰場，或第五大道百貨公司的聖誕櫥窗，反而是雀爾西區乏人剷除的積雪，從河上吹來刺骨的長風，特別讓我體會到異鄉的滋味。

有兩年的時間，我每個週二的下午都要從堆滿資料的書桌前起身，暫時放下進行中的博士論文，搭上地鐵前往第八大道上的心理諮商診所，與那位猶太裔的治療師見面。

之前我從沒搞清楚過，究竟精神科醫師（psychiatrist）與心理治療師（mental therapist）有什麼不同。麥克告訴我，不要喊他醫生，因為他拿的不是醫學博士（MD）學位而是哲學博士（PhD），所以他沒法開立任何抗憂鬱藥物的處方給我。但是我必須週週準時出現，只要出現兩次的缺曠，我們的諮商治療就會立即終止。

他便這樣告訴我。

「這是一種合作的契約，不是你單方願不願意參與而已。我們對彼此都有責任。求助者開始遵守契約，是他們重返正常生活很重要的一步，明白嗎？」第一次見面時他便這樣告訴我。

麥克的身材圓滾滾的，冬天裡總穿著一件包不住他肚腩的毛線背心，夏天裡不管氣溫多高，他也一定打著領帶。第一次見面，我的眼神一直無法從他頭戴的那頂假髮上移開，質料與式樣都顯示那是廉價貨。

麥克不是那種電影裡會看到的心理醫生，他既不優雅也不權威，事實上在後來的治療過程中，他有時會拉開嗓門大吼或大笑，活像一位雜貨店老闆。不，他不是那種在中央公園一帶收費令人咋舌的心理醫生，病人也沒有一張舒適的大沙發，可以從醫生辦公室眺望到曼哈頓的天空與櫛比鱗次的高樓。麥克甚至沒有一間自己的諮商室。每週會面的這間密閉如衣櫥的仄促空間，是許多位像麥克一樣的志工治療師共用的。

我的學生保險不包括這一塊，所以我只能負擔得起這種非營利公益基金會的醫療服務，把這一位看起來也許自己都需要社會福利津貼的邋遢中年猶太胖子，當成我最後的浮木。這個機構有個外人乍看會根本摸不清底細的名稱，「人類身分研究中心」（The Institute of Human Identity）。我其實是被學校的健康中心轉診送到這裡的。

・・・

一九九六年夏天，我的第一任情人自殺了。

他是一位正牌的ＭＤ，原本服務於曼哈頓的一間國際知名癌症專科醫院。在交往的頭三年，我只是覺得他可能有酗酒的傾向，畢竟憂鬱症在一九九〇年初還沒像後來那麼受到關注。我一直以為，自己就是醫生的他，相對於我這個人生地不熟的留學生，應會比我更清楚該如何幫助自己。他的死讓我極度自責，第一次身邊親近的人以這麼暴力的方式結束生命——混合將一把藥丸配酒吞下——在悲傷之外，我感受到更多的是驚嚇。尤其他在失蹤多日後，從紐澤西的一間小旅館還撥出過最後一通電話給我，掛電話前只說了一句：「你一定要繼續寫作。」

兩天後他的家人電話通知我，人找到了，他已經走了。

Gone？我腦中一片空白。那天上午我原定要出門去參加學校的研討會，我的指導教授有論文要發表。我像遊魂似地盪到了會場，竟然還能夠在討論時間舉手向台上學者提問。人在受創後會出現哪些不合常理的反應，事後自己都感覺訝異。等討論結束，我的指導教授走到我面前，我這才像回過了神，全身發抖，失控地放聲大哭。

・・・

那一年夏天本來就已夠混亂，英國籍的指導教授與系主任多年的暗中不合終於爆上了檯面，我的英國老師一氣決定接受西岸另一間大學的聘邀。他手上的幾個博士生見苗頭不對，早已紛紛轉投系主任門下。美國學院裡的惡鬥，算是讓我大開了眼界。英國老師大概見我是外籍生沒勢沒靠，怕以後會被系主任惡整，他對我展現了其實日後只會增加我困擾的義氣，要求院長破例同意，讓他繼續無薪擔任我的論文指導。（事實上，我在未來兩年都未再見過他，直到論文口試那天。）回到當時，研討會結束後他就要離開紐約，見到我崩潰的慘狀，他不知如何是好，只好親自押著我到學校的健康中心尋求諮商協助。

這麼多年後，我仍記得生平第一次接受心理治療的那個場景。

我被安排的治療師是一位結了一頭髮辮、說起話來輕聲緩語的年輕黑人男性。他有一間專屬的辦公室，門上掛著他的名牌。「我的英文名字也是 Johnson，」我指了指他門上的名字對他擠出一個微笑，企圖博取他的好感，害怕在他專業的眼中，我已經不具備正常人的應對能力。

走進他的辦公室，裡頭寬敞明亮，牆上掛滿了畫作，窗外是八月豔陽下的花草扶疏。冷氣機嗡嗡的低鳴將暑熱隔絕，治療師的音調也是訓練有素的平靜與沉穩。只有一個聲音在破壞著這午後的美好，那是我自己急促、憤怒、無助的敘述，質疑情人為什麼要自殺的反覆音節迴旋，像玻璃罐中一隻戰慄的蒼蠅，一回回衝撞著它無法理解的屏障。

然後不可思議的事在我面前上演了。

對第一次接受心理諮商的我來說，仍被一種犯了錯的羞恥感籠罩，覺得這一切都是自找，所以過程中多半時候我一逕是低垂著頭。我越說越激動，甚至滔滔不絕了，像一個克服了舞台恐懼症的新手演員，期待或許可以得到鼓勵與嘉勉。因為太過於專注在自己的故事，我完全沒注意到同為 Johnson 的黑人帥哥在幹什麼。

住口抬起眼光，我看見坐在對面沙發上的他正安詳地閉著眼，早已進入了夢鄉。我呆坐著，沒有發出聲音，也不想驚擾他的瞌睡，只是望著窗外油藍欲滴的天空，覺得這世界何等荒謬，恍惚中以為，這也許便是我最後一個夏天了。

對方終於被自己的微鼾聲驚醒，只稍微挪調了一下坐姿，彷彿什麼都沒發生。

「你睡著了。」我說。悲傷讓人連憤怒都失去了力氣，我說完便起身走了出去。

・・・

就算沒發生這件荒唐的事，之前我對心理治療也是半信半疑，這下更堅定了本人的不屑。掙扎著過了夏秋冬，把自己關在家裡痛苦地與論文糾纏，不能不說我的倔強與不服輸本性仍發揮了一點自救功能。然而，進入初春，我突然感到再次掉進黑洞。

老紐約都知道這裡的冬天特別不乾脆，往往三月還要再降一次大雪，讓已經沉悶到令人發狂的一整個冬寒晦澀，最後有了壓軸的高潮。

即便心裡百般抗拒，但我知道，這回可能撐不下去了。

垂頭喪氣地回到學校的心理諮商中心求救，這回認領我的是一位頭髮已全白的黑人女性，體型瘦小，動作優雅到已達遲緩而非從容的地步。但她的聲音好聽極了，軟答答地像帶著靜電的一小塊毛氈，對我說的每件事，她都是那付慈悲欲淚的表情，頻頻點頭，有時讓我覺得她是來聽我訓話的，而非治療我的諮商師。她那柔弱又疲憊的身影總讓我愧疚地想到，如果我不出現，她便將一個人孤伶伶坐在辦公室的模樣。乖乖與她約談了兩個月，就在我對心理治療再度灰心之際，她帶來了好消息。

她要退休了！這是我們最後一次會面了！我當下有鬆了一口氣的感覺。接著只見她搬來了一個大簿子，戴起了她的老花眼鏡開始翻查。「我希望你不要中斷治療，喔？」她說。「我把你轉診到另一個地方吧！針對你的問題，我想會有比我更專業的治療師……嗯，這家嗎？……唔唔，還是這家？……」

什麼？一次看診只要美金二十元？這種低廉的價格，教人如何能拒絕呢？

・・・

初診前一晚，我便接到了麥克的電話。應該說電話留言，因為在憂鬱低潮中的我早已停止接聽電話了。他用中氣十足又宏亮的嗓門，以布魯克林的猶太腔在留言中提醒我們有約，並祝我有美好的一天。我刪除已聽留言，也許還不自覺地翻了個白眼。

我想麥克一定察覺到一開始我對他的排斥，但他卻可以完全忽視我的不信任，反倒讓我對他好奇起來。

為什麼一個哥倫比亞大學的社會系博士，不是在忙著寫論文，或想辦法弄一個自己的診所？與其說人各有志，不如說美國是個競爭殘酷的社會在他身上充分印證。肥胖又其貌不揚，總是那件磨痕累累的皮夾克，看起來就是個不可能打得進印象中那些主流團體的角色。一個月後他跟我坦承，我原本是分派給另一個諮商師，但在他看過了我的資料後，因為對我的情形很好奇，就把我跟別人的客戶掉換了。這讓我對他更心生防備，怕他有什麼不軌的企圖。至於為什麼求診者都被稱作客戶（client）？對此我一直不解，聽起來總讓我聯想到什麼地下不法交易。

但是跟他會談的方式跟前兩位真是太大的不同了。他聒噪又沒耐性，總愛打斷我說話。後來才發現，這就是他治療我的手法，每聽到我開始往一個死結裡鑽，他就要打破我這樣的模式。有一回我說到聲淚俱下，他卻突然站起來說：「時間到了！」我忍不住抗議他怎麼一點同情心都沒有。他睜大了眼睛回答我：「你以為每一節四十分鐘是隨便訂的，沒有它的道理嗎？」

原來那也是一種訓練，不論陷入什麼樣的情緒，必須練習說停就停。

．．．

如果原本我的情緒如野犬般總無時無地不止狂吠，現在我遇到了一位馴獸師。他的治療方式是否正統我不知道，但確實對我產生效果。他教給過我的許多撇步，直到今天若是遇上了情緒亂流，我仍然會按他所說的執行，也常提供給有情緒困擾的朋友嘗試。比如說，當憂鬱感覺如潮水上漲，他要我立刻啟動回想，前三十分鐘自己曾做了哪些事，因為環境裡某些聲音或光線，某些話題或畫面，都會如開關般觸動情緒。照他的說法，憂鬱是有慣性的，而且常常偷換跑道，所以要找出那些開關並時時加以提防。結果發現，當時一直在戳破我不癒傷口的竟然是電視！之前感覺孤單低落的時候，我總打開電視作伴，沒想到反成了惡性循環的禍首。

一旦黑暗情緒蠢蠢欲動，他要我立刻離開那個現場，滿街亂逛亦可，甚至「去找人打炮打到腦汁流乾都好」。不避粗俗字語的他，讓我漸漸打開心房有話直說。我們嚴守每週兩次、每次四十分鐘的會談規定，沒有其他接觸。雖然一開始給過我他的電話，但他同時也警告過，只供特殊緊急情況（像是我吞了一瓶安眠藥之類的）才可使用。我的情況明顯出現進步，但是我對麥克的了解仍然如此有限（除了他也是同志之外）。接下來我完成博士論文，之後仍繼續諮商了一段時間。我們偶爾聊到些題外話，譬如有一次我曾問起他的感情生活。

「我的男友是中國來的，中國城的外賣小弟，」他這樣告訴我。「沒有身分，很傷腦筋。」

我說不出為什麼，覺得有點悲哀。當時他為什麼把我換成他的客戶，答案很明顯了。活著，就是很累的一件事，當時我心想。但來求助的人是我，我又怎有餘力為他著想？他幫助了我，但誰來幫他呢？以他的外貌條件，在圈子裡也只能交到一個英語都說不好的外賣弟，這種現實又有誰能改變？

這樣的念頭隨即讓我又自慚又矛盾。我死去的情人，以他較優越的條件，最後竟然也只能跟來自亞洲沒有身分的我交往，他的心裡是否因此曾經感到過孤單與不甘呢？如果，他當時交往的對象不是我，是不是就不會死了呢？……

有些傷口永遠不會好，我們只是學會了如何躲開，那些穿透記憶，會照見皮骨的陰冷放射線。

・・・

是我主動提出，也許治療可以告一段落了。

最後一次結束，麥克只是跟我握了握手，立刻又坐回了辦公椅，開始填寫當天的會談病歷。走出那間「人類身分研究中心」，將近七百個日子，這條路我已多麼熟悉。每一間店鋪，每一個街角攤販，如今都像是一個遙遠的夢。畢竟我要揮別這段經歷，一定要狠得下這個心，我不斷告訴自己。

會懷念起自己的憂鬱症，這樣正常嗎？我很想轉身回去，問麥克最後一個問題。兩年後決定回台任教，想在臨行前再見一面的念頭，讓我找出了多年前他寫給我的，那個我從沒撥過的號碼。通話後直接轉到了語音留言，我遲疑了幾秒才以「還記得我嗎？……」當成了開場問候。一直等到幾天後，答錄機中才出現了那個熟悉的聲音，但明顯語氣變得十分疏遠客氣：「很高興知道你很好，我祝你一路順風。見面不是一個好主意，我想。諮商師與客戶不應該有私人交往。希望你回台灣後有很好的發展。再會！保重！」

也許他是在這世上，最了解我的人了。我卻是這個人眾多客戶的其中之一而已。如果黑人媽媽退休前沒把我轉診，如果麥克沒有作弊掉換了病歷……那一刻我只能想到，死裡逃生原來靠的都是不可知的機率與偶然。直到今天仍說不上來，那種又涼又暖的情緒究竟是什麼。但這回，我只略略惆悵了一會兒。活著，便是要隨時隔離那些惘惘威脅著自己情緒的陰影啊！——

雖然我也知道，陰影的邊緣上總還勾纏了一些情感的殘絮，或閃著稀薄的微光，但是一起將之扯斷埋藏，是必須的代價。生存的功課總要反覆練習，只要能不再陷入黑洞就好。被隔離的記憶，在堆得太滿的二十年後，才終於有了重新打開清倉的勇氣。

•••

那一年，前情人的死訊從電話那頭傳來，彷彿擊開了人生中一道再也關不回去的閘門。

中年之後，從電話中一再接獲不幸消息儼然已成難逃的宿命。多年來對電話鈴聲感到恐懼不是沒有原因。如果有什麼憂鬱症的舊傷始終無法根除，恐怕就是自第一任情人死後，我幾乎是能不接聽電話就不接聽。

讓它們轉進語音信箱。我跟這個世界之間需要距離。

誰在燈火闌珊處？

小時候常被父母或長輩戲問，將來要娶什麼樣的老婆啊？童言童語說出過哪些答案我沒印象，除了這一則。

記得是在某個賣上海湯圓肉粽的店裡，大約七八歲的我先是茫然，然後看著角落坐著一個女孩，正熟練地在掌心揉滾著糯米，我當下便很確定地說：「我將來要娶一個會搓湯圓的！」

父母日後常愛拿這事取笑，讓我想忘也忘不了。

換作其他的小男孩都會怎麼說呢？我要娶一個像媽媽的？像某某阿姨的？有長頭髮的？會講故事的？……我是隨口亂說的嗎？也不是。說不上來眼前那個搓湯圓的畫面在心裡勾起了怎樣的一種想像，但確實有種模糊的觸動。一顆顆搓好的湯圓，一種安靜規律的動作。有一點寂寞。有一點甜。

不但父母沒聽出來，那個年紀的我更是無法意識到，我的答案裡，那個伴侶沒有特徵容貌性別，只有一種認真的姿態。或許我並非想挑選那樣的一個伴侶，更像是，我認同了那樣的姿態……

進入青春期後，對伴侶的憧憬開始與那是什麼樣的異性越來越無關。隨著年紀日增，原本處於渾沌抽象的謎底終於慢慢如浮水印揭曉，讓我陷入了此生永遠的驚惶與痛苦。如果可以選擇，我想任何人都不會希望，自己命中注定的，會是一份不為世人所能接受的愛情。

之後的歲月裡，只能默默將對一個人認真付出的可能在心中越埋越深，深到自己幾乎都快忘記還有那樣的盼望。偶爾怯怯地抬起低垂的眼光，看到了一絲希望如黑暗隧道盡頭的一燭微光，卻又彷彿是永遠到不了的終點。

矛盾的是，我一直不想放棄。明知，若不能用財產子女監護權等等條件當籌碼，在這個慾望被輕易煽動、被販賣被合理化，變得越來越明目張膽、變本加厲的時代，要綁住兩顆心何其不易？但我還是幻想著真情不需要這樣被綁架。每每聽到朋友不論同性異性，說起與情人分手的理由是因為感覺淡了，「變得像家人」了，我總要對那理由背後對「家人」的汙名化感覺寒顫……

如果那已成為分手的最佳理由，嚷嚷著婚姻權到底為了想證明什麼？

不要婚姻，真愛與激情又該如何分清？

愛情若不該由社會眼光判決，每個人心中的那一把尺真的可信嗎？

這簡直像是一個鬼打牆的魔咒，讓多少人在其中翻滾飄浮不知所以，也不知所終。

最近，我又想起了那個默默揉捏著湯圓的身影。因為情人對我說，我對你的感覺只剩下家人了，也許該分手了。

此生最穩定也最長久的一段關係，曾讓我驚訝感動於這樣的安穩與快樂不再是夢想，讓我幾乎以為自己的堅持終於沒被辜負，竟然最後還是逃不過情人／家人的慾望衝突所設下的陷阱。

為什麼永遠總是「家人」才傷我最深？

我想，情人是幸福的。他不像我，從小看著曾經也是情人的父母親，為了成為家人多麼辛苦，在對立逃避對抗和解的周而復始中，直到其中一方過世方休。而我們如此幸運，就這樣已經成為家人了，平靜，放鬆，規律，或許有點寂寞，總還是帶點微甜。只是，這反讓情人對三年多的關係充滿懷疑。

我想我愛的只是你愛我的感覺——

他說。

我不知該如何回答。

突然覺得自己像是在深夜裡，獨自乘坐著一座反向旋轉的摩天輪，對愛情親情家人的所有夢想，都因那快速的逆轉讓我暈眩而欲嘔。

・・・

幾年前我的研究生遭逢情變，見他沒來上課，問其他同學怎麼了，他們告訴我他終於撥了電話回家，哭著坦白了情傷與自己的性向。當我知道家長竟能很平靜堅定地告訴他，快回家來吧，我們愛你。我心中異常感動，祝福著我的學生，也祝福他們這一家。

我做過同樣的事，結果並不那麼圓滿，但我沒有後悔。

記得在第一時間父親的反應竟是，「你為什麼要說出來？」受過高等教育的父母不是沒想到，他們害怕的是社會加諸的眼光。那時我仍在美國念書，與他們近半年沒有聯絡。直到母親對我說，「我和你爸決定，就把你當作殘障，我們有一個殘障的兒子，只能這樣了。」

這樣的說法我可以接受，也不得不接受。

那就好好來做一個殘而不廢的兒子吧！殘而不廢的兒子心中總以為，如果可以證明自己也能夠幸福，甚至會比他們更幸福，他們對此事的看法或許會改變。

我一直對《囍宴》那部電影不太能認同。其實，存在於那樣親子關係中最大的挑戰不是坦白與接納，還有比那更悲哀也更困難的。那就是，在仍充滿偏見的社會裡企圖追求幸福一路跌撞的創痛，往往才更需要隱瞞。

「看吧，這就是你選擇的，你們這種人在一起怎麼可能有未來？」

最聽不得的就是這句，因為不用他們說，自己心中早就鞭撻了自己不知多少回。

但是《囍宴》故事一開始，兩個相愛的人終生已訂，得來全不費工夫。如此好命在真實世界其機率之低，外界難以想像。

為什麼沒有一個人好好珍惜你？我的女性朋友對此一直不解。因為她們看到的是一個好老公，不知道在這個圈子裡，好老公只是一種角色扮演的遊戲，只會讓人加速無感而厭倦。

甚至我懷疑，自己至今所有在課業與事業上的努力，都是潛意識裡想對我父母的彌補，即使如此，人生有一部分的快樂與悲傷我永遠無法與他們分享，仍是最大的遺憾。只有那麼一次，跟母親提到了自己的失戀遭遇，眼淚一發不止。不知怎麼安慰我，她最後只好搬出自己的情傷，與我交換了她的祕密。

「你爸在歐洲一直不肯回來，我知道這段婚姻是走不下去了，一個人帶著孩子，前途茫茫……後來，認識了一個很好的男人，重要的是他對你哥很好……」

那後來怎麼沒在一起？「總要你爸回來簽字離婚啊。他一回來，我看到你哥那麼開心，想到自己從小命就很苦，突然懷疑換一個男人是不是會更好，也許自己沒有那個命……」母親說。

我們這個家，一直是被太多的祕密糾纏控制，一家人真應該再這麼繼續過下去嗎？如果母親一直為了外公對她所做過的那些狠心事不解而痛苦，對自己的丈夫為何始終不同心而心寒，至少她的兒子從不希望與她成為陌生人。

母親過世時我曾慶幸，母子一場，我對她到底從沒有過欺瞞。雖然對她來說充滿了震驚與痛苦。儘管在她走時仍舊懷抱著我可能會改變的期望。

母親過世後，少了她在中間調和，與父親相處時我的感情生活只能完全小心避過。只是那回實在太痛苦了，跟父親嘆說我又被甩了，為什麼談感情這麼難？

自己的父親怎麼會不了解兒子的性格？他直衝衝回我：「你鄉下人啊？見到一個就想要跟人家一輩子？」這事說給朋友聽，無不笑得東倒西歪。

我卻笑不出來。

因為父親的回答完全解釋了他與母親的婚姻。

・・・

不讀文學的情人在分手的幾天前，讀完了我依然帶著淡淡悲傷的專欄，他還笑說：認識我之後就有快樂的事發生了，對不對？

竟然也不過才幾天之後，情人的分手文寫在小小的 LINE 對話格裡，擁擠得令人窒息。我的手指來回滑動，放大縮小字體，怎麼也調整不出我的心臟能承受的撞擊指數，老花的視力亦找不到適當的兩人距離。

他愛上別人了。

當下，竟然不顧自己這把歲數了我哭著抱住他不讓他離開，要他留下。只要他留下，我說，我可以從此不再提起他出軌這件事。

哭得失魂又失聲的同時，我的記憶中出現了一個三歲的小男孩，某次午睡醒來，發現那棟當時居住的二層小屋中空無一人。一種被遺棄的恐懼立刻讓他瘋了似地嚎啕大哭起來，從樓上哭到樓下，從沒有那麼驚惶過，一路哭到了屋外，站在巷子裡就如同被人遺棄的孤兒，彷彿是某種早已盤據在內心深處的噩夢終於成真。

看顧我的傭人趁我午睡上街買菜了。等她走進巷口看見哭得肺腑摧折的我，她與其他看熱鬧的鄰居小朋友一起笑了。

那一場被遺棄的驚慟我一直記得，那種恐懼如此之真實，我相信，在許多看不見的層次，對我早已造成了一生難以抹滅的影響。

父母都外出工作，童年的我卻將這份恐懼一直掩飾得很好，與傭人和平相處，自己會寫功課不會亂跑，讓大人覺得放心。年紀再長些，同學們都覺得我是一個習慣獨來獨往的人。日後，每次當我的舞台劇首演幕啟前，我總要躲進樓梯間一個人默默獨坐，悵然若失，因為明白一旦幕啟，就離落幕不遠了。

直到情人無遇警地提出分手，結束這一段今生唯一慎重考慮也許可以成家相守的感情，我才發現，孩提時那種被遺棄的恐懼清晰如同昨日。

二十五歲出國念書，沒想到從此之後，便一直過著過客式的宿舍人生。花蓮到台北，一週裡總在不同的地方停留，卻沒有哪個空間是不可取代的，我隨時可以起身離去。

忘了已經有多久，沒人會等候著我的歸來。但，我依然掩飾得很好，總是可以隨遇而安。

直到這個空間裡開始多出了他的存在。我們開始有了規律的生活。晚餐時開著電視邊吃邊看邊聊。洗碗收衣晾衣。飯後散步去水果攤，買回的水果總由他切好放進保鮮盒，幫我準備好接下來幾天的份。睡前的梳洗。熄燈前的聊天。還有熄燈後在黑暗中的互道晚安。雖然一週只有兩天的相聚，但我成為了有人在等待的一個新的自己。

在走過二十五年的惶惶然之後。在平穩幸福的三年多後。我竟傻傻地以為，可以一直這樣走下去了。情人在跨年夜裡看到我幸福的表情，突然感覺再看不下去了。因為看見的是我已沉溺在一種如同守護著家人的幸福裡嗎？

如果成為家人變成了他的恐懼的話。

情人最後只用一句「對你已經沒感覺了」便終結了答辯。還有什麼比這句話更讓人無力反駁的呢？

對於成長中那些恍惚的不快樂，所有那些對愛情親情家人的疑問，我曾經不只一次跟自己說，不要帶進第一次認為可能長久的這段關係中，藉著回憶，不斷自我對話，或許可以除障袪魅？……

結果發現，遺棄我的不光是一位情人，也是在青春期時我從未有過的某個可以一起打混的伙伴，是我想像中應有而未曾有的另一個手足，更是一個年輕的，我自己。

獨角戲

即便是大年夜，台北總還是有亮著燈的酒吧，供像我這樣的人取暖。

曾經以為自己不需要。但，寂寞讓我成了跟他們一樣的人。

除夕的生意可好著呢。店裡的客人都被這樣摩肩擦踵的盛況驚得相覷傻笑。幾乎都是老面孔，但多數向來只是以化名代號相稱。差不多的世代，大同小異的情節，對方不說也不必多問，為什麼沒在家裡圍爐。

A說，上個禮拜已先回去跟爸媽吃過飯了。沒錯，留下來吃年夜飯，遇著了七嘴八舌的親友，讓爸媽也尷尬。提早先走也算是體貼。B說，愛人回他自己家了，總不好把他也帶去。了解。也許大家心照不宣的是，不管今年這頓年夜飯是怎麼吃的，其實我們都有數，也在準備著，總會有那麼一天，只剩下自己一個人的除夕夜。

而我畢竟還未習慣，還有掙扎，對於自己竟然就這樣，成了一個從除夕到大年初二，連續三夜都泡在酒吧裡的人。

母親剛過世的頭兩年，我都還會自告奮勇下廚做年夜飯。自己親手剁餡包餃子，外加紅燒黃魚和燉雞湯。我以為沒了母親，父子兩人還是可以好好過個除夕。

幾乎是帶著一種贖罪的心情。之前在國外求學多年，父母二老的年夜飯究竟是怎麼吃的，到此時才體會到那種簡寒的心酸。

父親上了桌，只意興闌珊地挾了幾筷子。之後，他寧願接受邀請，到別人家的年夜飯桌上參一腳。我跟去過幾次，怎麼說還是覺得怪，舉杯敬別人家的老長輩，算是哪一門？

不用後來鄰居告知，平常週日來看父親，我前腳剛走，就有女人後腳進門，年夜飯後看到父親閉目養神不理睬我，也就明白自己不宜久留。好在那時候好友朱朱尚未過世，她跟家裡因財務之事吵翻了臉，賭氣從來不回去過年。她在延吉街上開的小酒館除夕照常營業，一過十點許，客人開始上門，有的還攜家帶眷。原來有家有室的，也不是都喜歡待在家裡，看著無聊的電視，假裝幸福圍爐。

朱朱二〇〇八年底意外走了。那一年寒流陰雨濕冷，讓我大年初一氣喘病發作進了急診室。一個人半死地摸進醫院，又一個人回到家躺一整天，每餐煮幾個冷凍水餃果腹。

若不是前情人的出現，對過年這事早就失去了感覺。雖從未一起吃過年夜飯，但是三年來，我總愛拉著他陪我去買年貨。一買兩份，我一份父親家一份。去年我們一起在夜市挑了好幾盆蘭花，買盆移盆澆水忙得好不開心。如今才知，原來開心的人只有我。

今年一個人還是買了蘭花，傳簡訊告訴前情人，換得的當然是，已讀不回。把另一盆蘭花帶去了父親家，還有大包小包跟超商訂的年菜。耐心地教印傭做紅燒肉，燜半點鐘就加一次水，連加三次水，俗稱「步步高」……父親已不會想去吃別人家的年夜飯了。我一個晚上問了他無數遍，今天是什麼日子？今年是什麼年？……對，是除夕，已經羊年了喔……想起來跟印傭交代：打電話去問妳姐妹，等下發紅包妳要跟爺爺說什麼？……

今年，過年成了我的一齣獨角戲，我越是努力地想演得有板有眼，卻越是感覺到一種無能為力。那種無以名之的不安與灼燙的孤獨感，讓我無法克制想要喝兩杯也無法獨自一人的靈魂翻攪。

・・・

誰都沒有想到，癌症會這麼快奪走了哥哥的生命。

之前我相信或許至少還有三到六個月。甚至還曾以為，至少當那一天將近時，病床上的他與我會有一些什麼樣的對話。但是我卻連他往生的消息，都是透過他在台北的朋友才得知。

大年初六開學，一大早發現手機裡那封簡訊時，我還反覆讀了兩三遍才搞懂，這不是一則錯發的新聞：「我剛去看過令尊，他告訴我你的手機，要我通知你，令兄已往生。」

竟然是，當我前一晚還在回花蓮的火車上，這位老友沒有任何聯絡方式，除了火急地連發了好幾封信到我學校的公務信箱。下了車後我沒開信箱，他只好又從某位父親的學生處才打聽到了住址。

你哥哥過世前十個小時還是清醒的，還給我發過 e-mail，交代了一些事情。後來在電話上他這麼告訴我。

但是顯然沒有人告訴他，我的手機，我私人的信箱，甚至老家的住址。我哥的妻女甚至無人願意親自撥一通電話、或發一則電郵。

從花蓮趕回台北，除了陪在父親身邊，能做的並不多。告別式的日期仍是透過轉寄才知曉。

我才明白，對於哥哥的那個家來說，我們這個家，早在他走之前，恐怕就已經不存在了。

兩年前當父親開始快速衰老時，我不只一次想過，有一天，我在世上唯一的親人就只剩下這個相差十歲，在海外三十五載的陌生哥哥了。我們到時候會比現在親近一些，還是更加老死不相往來?·萬沒有想到劇情會完全逆向發展。竟然是他的提前辭世，讓這個家更接近歸零。

將近一年的時間，我努力捕捉記憶中即將消失中的這個家，既不是企圖寫下家族史，也不是自傳之書，只因我最想探索的，是這一家人感情糾結的緣起，與爾後揮之不去的疏離。我只知道，生命中其他消失的過往，我都可以放手，但這次不能。我只有這一個家，不想等到一切都過去了才來哀悼懷念。我已經等了太久了。我甚至後悔沒有早一點動筆。

文字能留下的，就是書寫過程中靈魂與真相之間最真實的搏鬥了。

在這個過程裡，發現太多的部分都遠超過下筆前的預期，原以為就要出現的某種救贖或答案，隨時可能因突發的事件而立刻崩塌。

因為一切尚未過去，連書寫這件事的本身也缺乏某種確定與必然。

記憶還在喧囂譟亂，新的顛覆與逆轉又迎面而來。一邊書寫，一邊不時聽見命運在身邊追趕呼嘯。越是企圖藉這些文字安頓長年驚慌的靈魂，越是發現無常的滾輪加速催奔。

真正的療癒或放下，和解與同理心，也許還要等上另一個二十年。畢竟，人生還未到落幕。現實與小說不同的是，現實只能沒完沒了地繼續下去，不像小說，必然會有收尾與結局。人生的結局，連當事人都未必能清醒地目睹，更何況洞澈？

既然人生還要這麼過下去，該做的該記得的，逃也逃不掉。就怕是，到了真正落幕時刻，唯一最後活下來的那個人，早已放棄了還原過程的衝動。

這一刻原本該是靜靜打開記憶，讓那些曾令人惋惜的、傷感的、惆悵的點滴，重新注入經過歲月的多年磨淬後，自認開始變得勇敢又謙卑的這顆心。同時幻覺著，或許沉濁塵封的表面礪層，也會因此慢慢如蛋殼脆透，終於紋裂釋放出核心裡，那個始終渴望著被愛與被理解的孩子。

不要問為什麼，那個孩子從解事以來就知道，這個家是一座悲傷的火藥庫。他的整個成長過程，都一直小心翼翼地不讓那些火藥被引爆。

但在無常的命運面前，這一切仍是徒勞。

從除夕到大年初三，當時的我又如何能預知，三天三夜的寧醉不醒，冥冥之中已是前兆？已然警示了今年的春節，最後將會在哀慟中收場？

父親直到這一刻，仍不願在我面前流下一滴眼淚。但是看護悄悄告訴我，我不在的時候，爺爺會哭。

說不出口的晚安

哥哥過世的第三天，我來到供奉母親骨灰的精舍，向天上的她報告了這個消息。立於母親長眠的小匣門前，我在心裡對母親說感謝。十二年前她的驟然離世，如今感覺起來像是她的一種體貼。若她亦長壽至今才發現罹癌，我一個人要同時照顧老病雙親，簡直是不可能的任務。母親先一步告別，彷彿預知了我將獨自面對家散人亡的未來，不忍讓我更狼狽。

想起兩年前哥哥還說，明年就退休了，也許每年可以回台灣長住個四、五個月。母親剛過世時他也曾說過，也許以後每年忌日他都會回來團聚。重點不在於有他在是不是一定幫得上忙，但當時心裡確實有過一絲安慰之感：畢竟是一家人。如今才知道，那些話也不過是隨口的一句，都不曾、也不會實現了。

新手父母其中一人可申請育嬰留職停薪三年的權利，且不得拒絕其申請。這確實是立法上的一個大進步，體諒到父母與幼兒的共同需要與社會的改變。但社會走向高齡化之後呢？

也有所謂的侍親假。但在考慮人員與工作量配置的情況下，得經審議後決定核准與否。這聽起來無疑在說，新生命帶來希望，而高齡化社會將是未來沉重的社會成本，一點也不讓人期待。

一般喪假又能請多久？記得當時母親是在學期中途病故，也不過兩週後我就又回到學校。偏偏那天學生特別不聽話，分組討論卻有人任意走動談笑，連喊幾次都沒人理，我氣到把東西一摔怒喝：

「我母親昏迷的前一天我還在給你們上課，告別式一結束就趕回來，你們值得我這樣做嗎？」

學生面面相覷，我知道，他們多數根本不知我在氣什麼。

責任感最後總是苦了自己，怪不得從年輕就開始培養小確幸態度變得很重要。而我這一代人又有幾個真能學得來？

去酒吧並非為了尋歡作樂，反因有些同是天涯淪落人的理解，只有在那裡才會遇上。那晚吧裡生意冷清，我與多年來只知其外號的某人，突然有了從來沒有過的深談。喔原來你住中和……你也是只有一個哥哥，已經過世了？……那母親過世前都是你一個人在顧嗎？

「失智後的母親後來只對百貨公司的櫥窗與人潮有反應，我特別在信義區新光三越附近租了房子，每天晚上推她去逛街……整整三年的時間，我沒有約會，也沒出來喝過酒……」

多少同志朋友都一肩挑起了照顧父母的責任，因為成不了家，因為成了家的兄弟姐妹認為理所當然。朋友繼續緩緩訴說著：「母親死後，有一天我下班從捷運站出來，突然停下匆忙的腳步，才意識到我已經不需要再像從前那樣，一下班就十萬火急趕著回家了！我已經輕鬆了！我可以過我自己想要的生活了！……」

我聽到這裡鼻子一酸，知道他一點也不如自己所說的那麼灑脫。

從社會制度面就看得出，我們的文化在鼓勵我們往前看，對終將或已經逝去的，一定要學習放手。悲傷太久是不健康的。英文中有一個字，grief，不好翻譯，一種在哀傷裡難以自拔的憂鬱。弗洛伊德便認為那種不肯放手的偏執是病態的。直到前幾年讀到文化評論教母級的茱迪絲・芭特勒持不同看法，認為沉浸在失去中才會讓我們重新建構自己是誰。在原來的人生中我們都被社會矯正力量所管轄，只有當失去時，我們才有機會從那個缺口中步出看似正常的人生，看到以前所看不見的。

我現在懂得了，grief為了傷逝，何嘗不是對生命真相的另種直視？

原來我最需要的是讓自己好好傷逝，如同給自己放一個長假，不必再時時刻刻撐起，那個苛求完美的自己。

・・・

情人徹底踐踏了我的付出雖已是兩個月前的事，但痛並沒有消失。還是會在夜深人靜突然感覺心絞難忍時，不理性地發出一則則失控的短訊。只有如此才能像服下了鎮定劑，讓癲癇的靈魂暫獲喘息。

但它們的藥效遠比不上哥哥的死訊，讓我直接墮入一種失重的恍惚。

人在花蓮接獲簡訊，一時趕不回台北，與父親通電話，還沒等我多說兩句，他就把電話丟給了印傭。我在那一刻突然意識到，在這個世界上，我已沒有一位親到可以訴說當下心情的人了。

失戀容易找到聽眾，但失親不能。

安慰失戀的人可以用插科打諢，但弔慰不能。

更何況那天還是大年初六。要清楚這大半生我們家裡的愛恨情仇，還有我仍在情傷的前因後果，才能了解我當時對這樣接二連三的打擊已近無言的精神狀態。我不知該跟誰說，只好發 LINE 給前情人。

已讀不回。

生離死別我不陌生，陌生的是這種孤立。

母親過世時身邊有父親。老友過世時有共同的朋友。但這一回，白髮送黑髮的父親已不再是能取暖的倚靠。連最後以為還可能有的一絲親密關係也都不再。我仍然走進了教室裡打開講義，甚至沒讓任何同事知道。以為這樣的假裝，會讓懸崖邊上的風不再勁猛，想看看自己究竟能不動如山多久。

還記得上個學期末情人無預警分手，我撐著看完了學生在課堂上演出的《晚安，母親！》（*night' Mother!*）。從大學第一次讀到這齣普立茲獲獎名劇，我就說不出為何十分著迷，那是關於一個女兒決定自殺前，計劃好如何向母親解釋與道別的故事。說完那句「晚安，母親！」後，女兒進了臥室把門緊鎖，整個晚上都企圖制止女兒的母親在門外崩潰了，狂敲嚎啕，最後認輸了：「對不起，我從來不知道，妳原來這麼不快樂……」

槍聲響起。劇終。

每隔幾年便會教一次這個劇本的我，當時卻彷彿在看著全然不同的一個故事。女兒整晚的耐心步驟，目的或許並不是讓母親心安。我看到的是所有拋棄者都必須先控制住整個場面，之後才能得以脫身的策略。

被拋棄者從來都不可能聽得懂拋棄者所給的理由與解釋。因為那都不是真正的答案。被拋棄者越不明白，越會讓拋棄者對這段關係感到厭煩，並為這樣的厭煩找到想要切斷的合理動機。

消失即是死亡。

所有要跟我們切斷關係的人，應該都當他們死了。

然而不懂的是，那個如同劇中母親捶門呼喊「到底有什麼樣的恨？為什麼非要這樣做？」的角色，為何卻總是我？

在意識還清醒的最後，哥哥給他的朋友發信，卻仍不想與我和父親聯絡。母親病危時他選擇不趕回見最後一面。自己要離去的時刻到來他同樣轉過臉去。拋棄者的角色，他果然有始有終。

只是為了不被打倒而活著，是活下去的好理由嗎？

發現自己罹癌後的哥哥曾告知，他去做了基因分析，警告我要小心，因為顯然從母親到他，家族遺傳的特徵已具，且醫生說手足之間發病的機率極高。而當時我心裡唯一的念頭是，如果我也倒下了，留父親一人在世該怎麼辦？他除了記憶退化外，沒有其他嚴重的病症，也許他會活得比我久。

母親享年六十七，哥哥更年輕，才六十一。

我知道自己不能倒。然而，卻總有另一個聲音冒出在冷冷問我：當一個拋棄者，有這麼困難嗎？

關於痛苦的後見之明

在餐桌上，父親看了我一眼後，突然說了兩個字：「瘦了。」我這半年多來的確瘦了很多，他能注意到這樣的小事，表示他的精神與注意力大有改善，我不禁感覺心頭難得的輕鬆。

不料，接著父親又冒出一句：「哼，不結婚！」我笑了笑，維持著剛才的好心情，用半開玩笑的口吻回他：「我若是結了婚，就要忙著管我自己的家和小孩，就不可能有這麼多時間照顧你囉——」

才說完，我便看見父親的臉色驟變，那種我熟悉的、開始要攻擊前的肌肉線條扭曲：「我要你照顧？你照顧了我什麼？我有退休金，滿街的人我還怕找不到人來照顧我？你滾遠一點！——」

我盯著他，所有腦裡閃過的回擊台詞卻驀然化成一團白霧閃逝，只感到極度的疲倦。「這個家只剩下我跟你了。」我只能用最冷靜、最不帶情緒的語調，打斷了父親：「可以停止了。不要再跟我作對了。不要再跟我鬧彆扭了。以後只有我們兩個人了。」

我所說的每一個字，我知道父親都聽得一清二楚，因為即刻看見他臉上的表情從怨憤轉為落寞。我們繼續平靜地把飯吃完。

如果這是電影，到這裡鏡頭會從中景拉到全景，然後劇終。在電影中，安排一個感人的和解很容易。但生活永遠還在繼續，只能說在那一刻警報解除，而未來的生活仍是未知。我沒有悲觀的權利，當下亦沒有樂觀的條件。

雖然不懂，父親為什麼這些年來總要跟我劍拔弩張。但在那一刻，我彷彿多靠近了父親一小步。即使只是一小步。

・・・

將近一年的觀察，父親的智力並沒有明顯退化，退化的是他的記憶與生活自理能力。之前那個同居的女人，攙混了多少讓人昏眩無力的藥給他服下已不可知。停止被下藥後，父親已不再每天大半時間昏睡床上。他能夠在聽完我說的那些話後，立刻收斂起蓄勢待發的無理取鬧，表示他明白，之前他習慣的攻擊位置，已經失去了火力。

我恍惚明白了些什麼。

他憤恨的對象也許不是我，而是他自己。他無法接受的是，在我面前他成了一個害怕孤衰而終的老人。

父親終其一生，都不是個能面對困難的人。但是，他同時又擁有其他許多討喜的才華，所以在前半生，那些所謂的困難，到頭來都有人替他解決，到底都沒真正打擊到他。

而人會老，所有能了解他、幫助他的人也一個個會走，他終於得獨自面對，他並不是一個勇敢的人。從來不是。母親為他做得越多，他越有恃無恐，越要讓母親失望，讓母親更加的心力交瘁。直到他發現以後再也沒有這份力量的支撐，無法面對事實，所以在母親病危時，他反而要嗆聲以掩飾自己的害怕，才會以惡言咒罵已無力抬頭的母親——

但這些也只不過是我的想法——或者說，我希望的版本。

過去這些年，我越是想跟他接近，他越是要阻擋拒絕，我越是把他推向了他的另一個兒子，與那個街上找他搭訕而認識的女人。然後他發現，哥哥與那女人都並非真心想照顧他，而是說了一堆好聽的話後，開始打他存款的主意，以致於更因為好面子，害怕被我發現，他越要對我齜牙咧嘴。

這些，仍然只是我的推理。

・・・

想起在情人跟我分手後，我曾自語般對父親說出了心中的無奈與悲傷。本以為他會如常嗤之以鼻，沒想到他卻回應：「壞人走了，那是好事。」

當時的我未加深想，如今卻對這話可能透露出的訊息深感不忍。或許，自母親過世後，他一直處於某種惶然焦慮。本以為可以開始恣意的人生，卻被他始終不肯說出口、又無力面對解決的困擾在折磨著。

轉眼哥哥已去世三個月，父親整個人呈現了多年來所不曾有過的放鬆狀態，開始對我逗他開心的玩笑話有了反應。

也許我永遠不會知道這一切真正的緣由是什麼。

我突然理解到，最讓我悲傷的不是看著好好一個家，最後會退行成為一個小小的句點，而是這一切，最終還是無解，成了一道永遠割在心口的破折號——

・・・

午夜的HBO正在播放一部老電影。

男孩們來到女巫的家門前，打賭看誰敢進去偷取，傳說中女巫可以預告生死的魔法玻璃眼珠。其中一位勇敢的男孩竟把女巫帶出屋來，只見女巫摘下眼罩，預告了其他男孩們的死亡紀事。同伴們皆大驚逃跑，留下的那男孩則說，他也想知道自己的死期。「因為，如果現在知道了，那麼，在它發生之前，我若遇到其他難關就不用擔心了，因為曉得自己一定會過得去……」男孩如是說。

畢竟主角還只是孩子，我心想。人生原本就沒有什麼過不了的難關，只有傷亡輕重罷了，只有圓滿或遺憾罷了。

孩子的世界裡還沒有寂寞這兩個字，還不懂得滄桑的況味。人生最難熬的不是一場又一場的生離死別，而是企圖尋求解答：這一場生存遊戲的意義究竟是什麼？

甚至，沒有過不去的難關，可能只是因為我們開始習慣了，記憶遲鈍了，忘記了這一切是怎麼發生的，也不再盼望改變的可能。

最近讀到法國早逝女作家瑪賽兒・梭維若的一段話，「如果痛苦是陌生的，我們會有更多的力量來抵抗，因為不知道它的威力……可是如果我們知道是什麼苦痛，便想舉手求饒。」

但，即使求饒，該來的痛苦並不會高抬貴手。每一道難關，每一種痛苦，都像久別重逢的老友般，熱烈地企圖向我們介紹有關生命的深度與重生的可能。但多數的時候，我們就像閃躲推銷員一般，只想匆匆繞行，不想回顧。

至於女作家所講的，是關於自身經歷的失戀之苦。我卻認為，痛苦來來去去，最揮之不去的，反倒是與自己親近之人，他們不肯說出的苦。

對母親在病榻最後餘日的記憶會如此難以放下，是因為知道她曾經是多麼好強而剛烈的女子，認為自己沒有挑不起的責任，沒有過不去的難關，卻被命運一路追討著付出再付出。

最讓我痛心的一個畫面，是當她被化療摧殘得奄奄一息之際，夜裡她伸手要我遞給她梳妝台上的面霜。她依然倔強地堅持每晚睡前的保養工作，是對自己的病情仍抱著最後的希望？還是決定即使死亡逼近，她還是要以全部的力量，緊抓住自己最後的尊嚴？

不，痛苦對她來說早已不陌生，但她絕不求饒。反而是在看著她抹起面霜的我，那一刻感覺到前所未有的一種痛苦，並且知道，我這輩子都將要帶著這份震撼的記憶走下去。

如果她能夠懂得示弱與放手的話。但，那或許也只能讓旁觀的我覺得好過些，未必減輕得了她的磨難。

原來，沒有什麼晴天霹靂，其實都有伏筆。我們真正害怕的，也許不是痛苦的本身，而是痛苦地理解到，這一切竟然都是自己的選擇。

霧起

不過是陌生人

放不下

沒有真正走到這一天，眼看父母開始不能自理，而身旁又毫無幫手如我，或許很難體會那一種無措。不想說辛苦二字，因為這是早有心理準備的事。儘管如此，還是會感到慌亂與無力。尤其當我自己面臨時，才發現父親完全不是教科書上的老人，那種要把他當作幼兒般照料的說法，根本不成立。

老人當然不是幼兒，幼兒沒有經歷過人生，不懂得什麼叫挫敗與險惡，還沒機會發現他的慾望可以有哪些對象。這些，也許老人不再記得來龍去脈，但在他們人格與情感面，埋下了多少如前世般隱約的密碼設定，我們永遠不會曉得。

一位朋友說，他父親的性格改變了。我回答，你怎知以前你以為的性格是正常？也許現在那個貪吃、暴躁、疑心病重的老人才是真正的他？

老了，對於社會規範與監視加諸於身的警覺退化了，也不懂得隱藏了。有無可能他們這些行為始終在進行，只是一直沒被我們發現？

家庭自然也屬於那個規範系統。

我們只記得父母總是在要求我們修正而感覺不悅，但是絕大多數的父母被婚姻子女修正的程度，也許他們自己到後來都無感了。

想像你人生有五十年，在過著一種服膺倫常的生活，然後那種生活隨著子女離巢成家、身體與記憶殘破，如李伯一場大夢，醒來後變成另一個時空。被我們當作失智的父母，或許此時正在開始尋找拼湊，那個曾經存在過，卻修正到已經找不回來的原我。

我甚至懷疑，老人會對社會契約化關係開始排斥，當人家的父母妻亙一輩子，畢竟會累。

我必須用這些話來說服自己。否則，仍認得我是誰的父親，為什麼這些日子以來，會把我看作空氣一樣？

隨著他的婚姻以配偶歿註銷，有好幾年，父親一直過著不想與我有牽扯的自由生活，每週應酬似地與我吃頓飯，好像家庭也只是婚姻的附屬品，一種過渡期，並不獨立存在。後來跟朋友們聊起他們鰥夫的父親，這種情形並不少見。

但我不得不說，在我出國念書之前的那個父親，跟我是非常親的。

幼年時，母親朝九晚五，而在大學任教的父親課不多，所以父子相處的時間更長。別的同學家裡來送傘送便當的是母親，我卻常是父親出現在教室外。

到了晚年，他卻像是做出了某種決定般，開始與我疏遠。有朋友提出一種說法供我參考，父子間就是會有這種關係上的改變，看到成年後有了自己事業的兒子，既是感受到威脅，也會忌妒，因為兒子現在所有的，他都沒有了。

而我還有另一種想法。

女人結婚是為了想要有個家庭，而男人要的是配偶所以才同意成家。所以大多數鰥夫只要有機會，是不會放棄第二春的。寡母們則都覺得自己的家還在，就夠了。只是，我父親的第二春是一場被有夫之婦騙財的災難。還好這個陸配的老公還沒死，她身分證還沒到手，否則……

・・・

當初接受聘書回台，心想的是去國多年，從沒回家停留超過一個月，先回來一年陪陪父母也好。怎料一年後母親就重病，彷彿冥冥中，上天安排我回來送她這一程。若還在美國教書，那種兩地相隔的焦慮與事後的遺憾，豈是我所能承擔？

但這過程中，卻與父親發生了不少齟齬與怨懟。

不能說他毫不盡責，只是他從不主動進母親房間探視，甚至我在花蓮上課時，他自顧外食，卻讓母親扶著牆去電鍋取出那熱了一次又一次的剩菜。一直到她不能動之前，母親飯後還得自己收拾洗滌碗盤。這一切看在眼裡讓我不禁心痛：五十年的婚姻到底算什麼呢？

跟病榻上的母親數落父親的不是，母親卻打斷我，只說了句：「不要這樣，他還是你爸。」

我的內心當下何等驚訝與糾結。

沒錯，他還是我爸。

嚴格說來他不是一個壞父親。早年母親工作忙，大多時間是他照顧我，我藝術上的啟蒙也得自於他。我年紀漸長，卻見他對母親只剩暴躁與冷漠。我越發懂事，越看清這個家都是母親在辛苦支撐，照他藝術家性格的不切實際與不按牌理，一家人生活潦倒可期。

記著母親的話，我嘗試把之前的不滿與不平壓下。如果母親已經原諒他了，我是不是也該放下？母親真的原諒他了嗎？已成年的我，能置身於父母的婚姻問題之外嗎？

帶著困惑與悲傷，我曾努力企圖讓這個家不要因母親的辭世而崩散。曾在母親病榻前揚言，之後會搬出去，我會回美國去，卻總在想起母親的話時，發現自己做不到。因為她的遺書上還有叮嚀：「我在生病時你常常為我做飯，希望你以後可以繼續為你爸做」……

像照顧她那樣照顧父親。

悲傷的我，曾默默在心裡向天上的母親，對她的遺願做出了允諾。

・・・

但是父親不需要我做飯。

一直無法理解，何以他如此痛恨在家吃飯？他可以早午晚三餐，餐餐在街上覓食。我也沒那心情做飯，大約有半年時間，我都如行屍走肉，沉浸在不可自拔的哀傷裡。直到有天我跟自己說，這樣下去不行，得找件事讓自己忙才能脫離這低潮，於是便決定去做了件的確忙死人的事。組了劇團，編導加製作我一人包，二〇〇三年推出了舞台劇，在台北「新舞台」。

近千人的劇場，票房壓力極大，我花蓮台北兩地跑，有兩三個月與父親見面甚少。首演很成功，第二天觀眾更多，開演前我到大廳招呼媒體，看見一個老者在那兒徘徊，是父親。

你怎麼在這兒？

我在找賣票的地方。

昨天不是看過了？

我今天再來看一次。

我說我還得回後台忙，然後對話就結束了。但是當我轉過身，我知道，父親在主動地向我釋出善意，我沒有任何再埋怨的理由。

接下來過了幾年父子相依為命也算愉快的時光，直到他開始沒來由地對我表現極度的冷淡與厭煩。

原本認為，是因為那個來路不明的女人挑撥作梗。但後來發現，家人間的問題從沒有簡單的答案。也許，我與母親性格的相似，幾年的相處讓他又不耐煩起來。或許他以為，終於可以自由恣意了。或除了我以外，他認為還有其他人可依靠，例如我哥。

事實證明，我不管他，誰管他？

又或許，他知道我絕不會放他不管，就像他知道母親是跑不掉的一樣。

而我僅存的親人也只有父親了。如今看著他竟然，終於，每天都在家吃著印傭準備的三餐，我的感覺卻是無奈與不忍。

．．．

扛著一箱葡勝納，掏出鑰匙開了門，走進了父親在母親死後已宣誓獨立的領土。印傭看護與他皆在午睡。我呆立在靜悄悄的房門口，突然感受到，母親在這個地方已經被遺忘很久了。

即便在他身體還健朗的前幾年，父親也從來不會跟我提到任何與母親有關的往事。從來沒有這樣一個時刻，父親會對我突然語帶懷念地說出：「那時候你媽……」沒有。他從不曾流露過那樣的感性，對於與他結髮快五十年的亡妻。

近來，為了打破之前父子枯坐無言的狀況，我總刻意要拿母親做為話題。「爸，你跟媽哪一年結婚的？」

「記不得。」父親回答。

與父親之間並未出現雞同鴨講，對話的當下，他的神智與邏輯還是清楚的。失智與失憶，是同一件事嗎？不是都說，老人家新事記不住，舊事忘不了嗎？還是頑固的父親根本是有意識地拒絕回想？

「你們結婚紀念日是哪一天記得嗎？」我不放棄，繼續想要喚起他的記憶。

這回他答對了，而且回答得很快：「四月四號。」

不過就是這麼簡單的一個數字，卻讓我心中既惆悵，卻同時難得地感受到一絲寬慰。

兒子與弟子

大學剛畢業在報社工作，有回我被派去訪問名建築師李祖原先生，請他聊聊他的求學過程。他也是師大附中畢業的，這些背景資料我早就事先做好功課。但另有些小事並不見於報社檔案，只有自己了然於心，我在訪問前便決定了不露聲色。

「高中時我想要考建築系，素描是很重要的術科考試項目。」李祖原先生說：「教我們美術的郭老師，義務幫我們幾個想考建築系的同學補習，大家的素描都拿了不錯的分數。很感謝郭老師，現在不會有老師做這種事了吧？……」

很多年後我仍然清楚記得這一段。他不知道他所談的這位老師就是我的父親。我維持著「新聞專業」立場也不點破。

莫非潛意識裡，我想對受訪者進行一項私人測試？在那當下，測試的結果或許讓我的嘴角曾閃過一瞬微笑。

父親從高中老師到大學教授退休，真可謂桃李滿天下，但對於這件事，從一個兒子的角度，我其實心情頗複雜。「我有藝術、我有學生！」這是每當他與母親又起爭吵時經常會冒出的一句，多少帶了驕傲的口氣，宣示著他從婚姻與家庭裡得不到的，他在藝術中與學生身上得到了。

心懷感謝的學生，從他們口中，我認識到了另一個父親。他對學生慷慨熱情又風趣，更不用說他從歐洲剛留學回來那時，他的年輕帥氣瀟灑讓他早期的學生多年後仍津津樂道。郭老師是第一個教我們水彩不透明畫法的老師！郭老師第一次讓我們看見油畫筆觸可以這麼長這麼有力！……

這些話語一定曾讓父親心中充滿了得意與溫暖。

但學生不會永遠圍繞著老師，學生總是有所求，學生最後都難免會變得勢利，學生無情無義更不足為奇。竟有以前常來家裡的學生，現在名氣響亮，我上前自我介紹卻換來她一句：「我沒有上過他的課。」

• • •

一直到幾年前，父親仍有學生勝過家人的想法。

一位他指導的博士生在畢業前對他噓寒問暖，又讓他開心了，對我說出「他才更像我兒子」這樣的話，令我氣結。結果學生的博士拿到了，父親畫展閉幕請他來幫忙撤場，卻臨時不見人影——再也沒有了人影。我為之心冷也心疼。

等自己也成為別人的老師，才懂得父親為什麼對學生總難說不。因為年輕的孩子讓人感到希望，更不用說他／她若頗有資質或肯上進。

但我沒有父親的度量。

曾經，我的某個研究生畢業後四處放黑話，把我曾激勵她作品更上層樓的苦心完全辜負扭曲。學生要的不過就是學位，只想聽到老師的讚賞，我為什麼要那麼認真地幫助她修改呢？每修改一次我就要再讀一遍，我為什麼要跟自己過不去呢？

應該學學其他的老師們，趁機抓到學生弱點，攏絡庸才當成自己的子弟兵與打手，知道他們永遠不會威脅到自己，多施小惠才更實際，反而對出手甚高的年輕人得心存忌憚。

後來我才看懂了台灣的這種師生倫理，在學院裡早已成為氾濫的惡習。對此，我只會感受到挫敗與憤怒，卻仍然學不來。

我才更理解了父親晚年總被學生欺壓的無言落寞。

・・・

當父親從任教三十年的教授崗位上退休，全系同事幾乎都曾是父親教過的學生，最後竟連一場榮退歡送宴都沒有。為此母親把學生輩的系主任叫來痛罵一頓，做學生的竟也嬉皮笑臉陪不是，補辦了聚餐。我聽說此事，不得不佩服母親的正直剛烈，她一直才是這個家的真正支柱。

只是，讓我驚訝的是，在家裡總要與母親斤斤計較，一步也不讓的父親，卻總能吞忍得下他那些得意弟子們對他的不敬？

跟學生之間的那個分際原來如此難以拿捏。我多害怕自己也重蹈了父親的覆轍，正如英語諺語所說的，Familiarity breeds contempt 親近生慢侮。於是我總提醒自己，我的角色就像是守在路邊的一塊站牌，等待著年輕孩子的到來與經過，可以暫時讓他們不會有迷路的恐慌，等他們上路後，我便安然地繼續凝視著前方，如此而已。

我從沒聽過父親對他的那些弟子們有過任何埋怨，卻在晚年對我諸般不滿。那在父親心裡，兒子與弟子的差別到底在哪裡？

就像《李爾王》中那個關心父親但嘴笨的小女兒，我從不曾像他的學生們，當有需要的時候，非常懂得如何討好老師。

我卻不懂得討好父親。以為自立無所求，讓父親以我的成就為榮，才是對父親的最好回報。

我誤會了。

或許父親需要的只是有人討好，即使一再被騙受害。

再也沒有母親當他的守護神了，我也被多年隔離在他的生活之外。而偏偏母親與我都是那個嘴硬心軟的。

流離

父親離家求學前的名字叫中立，後來又改名君逖。還有沒有別的名字？不知道。改名的背後一定有一些故事，但是父親從不曾跟我們提過。

他有天突然說他是屬老虎的，我以為他腦筋糊塗到記不得自己的生肖。按照他的身分證記載，他是兔年出生，但從小一直聽他說那是錯的，他是屬龍。但是母親又會說，結婚時他說自己屬小龍，後來才懂那是蛇。反正他的生年一直是個謎。

但屬虎的出現著實莫名其妙。我幾次又再考他：你屬什麼的？答案都很確定，屬老虎。

雖然日常生活裡有些事他搞不清了，但問起祖父母的名字，曾爺爺的名字還有曾爺爺討了幾房，他都能正確回答。我不得不開始相信，他真的是屬虎。

也就是說，連我的母親在內，大家都被矇了。瞞了快一輩子，父親這時卻因為開始失憶，忘了之前的說詞。

或是說，終於他覺得說出實情已不再有顧慮？

問過其他朋友，他們的父親若是隨軍隊來台的，也常會出現出生年錯誤。因為隻身來台，離家都早，從軍吃糧有年齡限制，報大報小都有，之後再沒有其他親友在身邊幫忙推算或指正，索性一輩子將錯就錯。

但父親不是軍人，他的理由又是什麼？

屬虎就屬虎吧，我不想再逼問，硬要他承認之前說謊已經沒有意義了。只是感嘆，因為政治的因素——不論是早年老蔣的白色恐怖，徹底讓父親這一輩與大陸斷親絕緣，否則就以匪諜論罪；或是後來李登輝所挑起的省籍情結，將外省二字汙名化——讓他們這一生都難掩失根的悲涼。對他們來說，這些無非都一次次在造成他們精神上與心理上的威脅。他們不斷在身分的光譜上倉皇移動位子，距離自己真實的身分越來越遠。

以我父親來說，他很少提起家鄉，如今才被我發現連生年與名字都不知道更改過幾次，很像是一種當事人都無自覺的心理問題。

在美國念書的時候，接觸到一些父母是猶太屠殺倖存者的朋友，談起他們家庭裡的種種問題，很多都認為是跟那場戰禍浩劫有關。那時候我還年輕，心想這些猶太佬太愛牽拖了，還曾暗自嘲笑西方人過度迷信心理醫生那一套。

中年後的我才越發開始了解，凡經過的必留下痕跡，不是這批老外省人特別堅強，而是他們想要求助也無門。沒有任何精神研究對他們這一生，從逃日本人、共產黨，到逃白色恐怖、逃被標籤化……所經歷的創傷症候群感興趣。

我的父母親都有他們的陰暗面，這是我年紀越長越確定的事。

小時候，曾聽母親說起剛結婚時，父親夜裡常會做被共產黨抓走的噩夢。我還在念小一時，有次父親被教育部派去巴西開會，沒想到之後一個月都毫無音訊。那時電訊不發達，連教育部都找不到人。事後才知只是父親懶於報備，但我猶記母親夜裡帶著我去找通曉西班牙語的神父，請問如何向巴西發電報，她說到心急便哭了，說一定是共產黨把他綁走了……

數十年後，李登輝挑動族群仇恨搞得社會上烏煙瘴氣，我在國外求學趁放假回台，陪他們出門坐計程車，總會聽到母親再三警告父親，上車後別跟司機聊政治。

對戰亂的種種，他們不像某些外省父母喜歡掛在嘴上。到現在我才後悔，年輕的我，在台灣出生長大的我，之前對那些逃難的故事並沒有多大興趣。顯然他們也是做過判斷後才決定的，認為那些不安與恐懼，不說或許對我比較好。

再也無法指認的那些陰影，卻依然從他們的人生、婚姻、家庭，繼續飄飄蕩蕩在我不快樂的記憶裡。

・・・

這些年才終於看見，遺棄與被遺棄，竟是在我原生家庭中一直輪番上演的夢魘。我的基因裡，早已存在著這種惘惘的威脅。只不過，之前一直沒有意識到，父親其實也是被遺棄的受害者。

我的爺爺算是民初的新派人物，喜踢足球，做過中學校長，但是三十出頭就過世了。父親後來也說不清爺爺死於什麼病症，猜說可能是胃癌。這無疑說明了他從小與爺爺不親，常遭打，所以看到自己父親總是躲得遠遠的。

直到最近我企圖讓父親努力回想往事，以免腦袋退化太快，他才無意間說出奶奶是不識字的。新派的爺爺對自己的婚姻一定不甚滿意吧？我猜。

失怙後的父親，與沒受過教育的寡母弟妹相依為命，他的教養重任便落在了老爺爺——我的曾祖父——肩上。據我所知，中學時的父親曾一度被送到東北的親戚家學習藥材生意。這是怎麼回事？

老爺爺不是早發現他有繪畫天分，還特請老友收他入門習畫嗎？

老爺爺連娶三房續弦都病歿，最後一任則讓他老來又添一子，只比我父親大一歲。

「我的小叔叔跟我每天早上比誰起得早……我們在學校念同班，我的演講比他厲害……他會故意關掉我鬧鐘偷偷先去上學……」

父親無意間從回憶中撈起的碎片，讓我突然間想通了。

那個沒爹的孩子，當時一定急切地想要爭取爺爺的寵愛。孩子間的打鬧開始變質，暗地裡的心機角力讓叔姪成日吵鬧不休。老爺爺心疼的，到底還是自己的小兒子，為阻止這樣繼續惡化，只能決定把父親送走……

難道這就是為什麼，父親來到台灣後並未打聽過家鄉消息？

・・・

父親的生辰換做西洋曆，應是落在十一月。但舊時代的人常常搞不清自己正確的生日，他們的父母甚至常聽信算命之說，擅自更改了子女的生辰。

有一位懂星座的朋友，聽我談起我爸的種種後幫我推算，認為他應該是十月的天蠍座。我問她為什麼？

因為天蠍座從不輕易表露心思，總藏有許多祕密，朋友說。

不管是星座的宿命使然，還是從小沒有安全感所形成的人格，父親在我學成歸國後，再不復往日與我的互動頻繁，我似乎也有了某種答案——

同樣進入大學任教的我，是否喚醒了他對他小叔叔的記憶？

一廂情願的幸福

讀到某人的自傳作品中關於成長的痛苦，貧窮的陰影，父親的嗜賭家暴，種種創傷至今仍讓作者難以平復。那些不堪讀來很真實，走過夜市菜場都看得見那樣的家庭在社會底層掙扎，說自己一心想要脫離那樣的家，外人不難理解。

有些生命的陰影可以反覆訴說，只需直白陳述，冤有頭債有主，幾個字彙如貧窮失學家暴凌虐就可讓人不忍，控訴都能斑斑舉證，不必對家人於心有愧。

但太多並非見骨見血的陰影，幽幽地在潛意識中如偶爾的失眠，說不出確實來龍去脈，你只求趕快能夠入睡，因為第二天醒來好像一切又會沒事。

大家看你的家庭也都很好，你沒有抱怨的理由。

「所有幸福的家庭都長得相似，但不幸福的家庭卻都各有各的樣。」

這是托爾斯泰《安娜卡列妮娜》的開場語。托翁用「長得相似」是神來之筆，我一直懷疑這是文豪的反話，諷刺世人所謂的幸福有固定模式。

大多數人對「家」的認知多麼樣板。幸福與不幸福的家庭，好像我們外人一眼都能看穿。

幸福這字眼太抽象了，所以才讓人類擺脫不了羨慕與忌妒，總有不滿與猜疑。就連對成功的定義，我們都對年輕人宣導它多元的標準了，但對於家庭，目前為止絕大多數人還是認為，「一定要幸福」是家庭存在的終極理由。

世界上有哪些事是想成功就一定會如願呢？

對於家庭這檔事，我們卻能夠非常堅定地一廂情願下去。

可不可以說，成家是為了學習人與人相處的進階挑戰？家庭除了保護與養育以外，提供更多的是對人性的觀察與理解呢？

只要講到家，從小我們接觸到的都是感情化的字眼。愛。溫暖。幸福。安全感。難道家人之間只需靠感情，而不必用到理性判斷與客觀智慧？

不，學校社會都不會跟我們說這樣的實話。無怪乎，到最後「幸福家庭」都只有一個樣子。

對某些人來說，家庭帶來精神上不同等級與形式的暴力，且總夾雜在也許更多是屬於和樂融融的記憶之中，讓人無法察覺。

到底有什麼健康安全的管道，讓人能抒發、甚或理解，那些揮之不去、看似庸人自擾的不幸福記憶呢？

・・・

如果我們太熱中於相信家庭是為了幸福而存在，幾乎是神聖化了家庭的功能，恐怕我們就永遠只能在社會悲劇發生後，急忙找出一隻代罪羔羊。一個外遇後破碎的家庭，托爾斯泰便用了這樣的長篇大論，一般人又怎能說得清相對沒那麼嚴重，卻已在人格中造成死角的瑣碎？

專業的心理醫生，也只能由你的轉述中推斷。你說你悲傷，你說你憤怒，語言也在無形中導引或限制了你的理解，也許你真正的情緒是恐懼？

我在三十歲時也看過兩年的心理醫師，人在紐約，用的是英語，反而助我跳開了從小教養所帶來的反射性描述。即便是靠文字吃飯的我，至今卻仍在摸索著，要用什麼文字去描述，我的家庭。

畢竟，極度的悲慘與人人稱羨的幸福都是少數，說不出口的缺憾與選擇性的遺忘，才是大多數人成長的過程。

我們都可以把失戀翻來覆去說得鉅細靡遺，但對於從家人那兒得不到的、遭背叛的、或被誤解的情感，卻總陷入失語。

．．．

孩童們都具有一種小動物般的忠誠。在他們很小的時候，父母是他們的一切。有時在街上或飯館裡，會看見某個母親近乎歇斯底里地責罵小孩，小孩這一會兒被罵得淚眼汪汪，下一會兒卻又拉著母親的裙角討好地磨蹭。

我寧願相信那是上天的一種恩賜，讓他們曾經有那麼一段時光對於「父母」與「家」深信不移，而並非由於他們天生便現實地知道，如何求取衣食庇護。

有些父母卻辜負了孩子這樣的信任。新聞中的那些父母，有攜著幼兒自殺的，有貪打電玩而把孩子活活餓死的，還有還有，讓教友虐死謂之驅魔的，讀得我一面背脊發涼，一面眼眶灼熱。

記得自己也曾有過那樣無疑無懼的忠誠期，很快便會忘記父母間發生過的爭吵，一旦牽著他們的手上西門町吃館子，我又覺得可以放心，類似的爭吵一定不會再發生了。

我懷念那樣的自己。

還不懂得冷眼旁觀，總是焦急難過地跟著在旁邊哭，或躲得遠遠的，告訴自己我是好小孩父母不會不要我……但是，不也就是因為孩子對父母完全的信任，才讓許多在婚姻裡滯困衝突煎熬的父母，決定為了孩子再忍一忍？

報紙翻頁，卻又會看見另一種新聞，關於子女的劣行。好吃懶做的啃老族為了幾千塊把父母砍死的，自己偷偷搬走讓老父老母被房東趕出家門的，也有老病的父母被子孫棄之不理，死了幾天都沒被發現的。

這種逆倫又是怎麼回事？這些子女怎麼會這麼殘忍？仍是童稚時的那一點點孺慕與忠誠，怎會走到了蕩然無存的這一步？是因為做父母的少做了什麼？做錯了什麼？還是說，該怪這些父母為什麼不懂得保護自己，為什麼這麼不自立？有這樣的子女，就早該躲得遠遠的，難道還真以為他們哪天會良心發現？

或許就只是因為，孩子不會永遠是孩子，曾經那種無邪的忠誠就是會消失。好像在他們年幼時被裝置的某個晶片軟體，突然某天就到期失效了。他們不再是你一手養大的子女，他們現在的身分叫做「陌生人」。

・・・

事實上，很多家庭裡都會有這樣的陌生人存在。有可能是家中任何一分子。一旦忠誠與信任消失，即使結髮，縱使骨肉，都不過是陌生人。

偏偏跟這些陌生人，我們還要在一個屋簷底下生活，想要脫離還得經過法院程序。聽多了那些教育專家開口閉口愛與關心，體諒與溝通，有時真想反問，如果對方連對這幾個字的理解都跟你不同呢？我們豈會跟街上的陌生人討論彼此該如何體諒與溝通？

如果不是陌生人，怎麼會在相守五十年的老伴癌末臨終前對她咆哮：我是妳的老男工嗎？每天照顧一個病人快煩死了，這是什麼鬼日子？

如果不是陌生人，怎麼會在自己父親正需要照護關心時，就帶著他去銀行謊稱定存存單遺失，然後把錢偷偷領走？

更不用說，當情人變成家人，那就是變成陌生人的開始。

四十歲後的我才開始學習適應家有陌生人。

當他們是陌生人，就不會有無謂的恨或期待。對他們付出同情與關心，才會不求回報。因為是陌生人，才能等待彼此有重新認識與接納的機會。紀德曾這樣寫道：「對於與自己不同的人才需要有愛……」

但愛與體諒太偉大了，我只能先把發生過的從記憶中洗掉。像是一切先暫時歸零，而不再陷入反覆的情緒糾葛。

家人未必是最熟悉的人，我是說真的。

償還

很多人猜我是獨子。

獨子有什麼特徵我不知道。事實上大我十歲的哥哥，我小三時他已大一，念的是成大，只有寒暑假見得到他。當兵兩年也不在家，退伍半年後就出國念書，在美國成家立業，見面的次數更少。我在紐約念書的十年，他被公司外派，反而大多數時間在亞洲跑。

想想我好像也真的跟獨子沒兩樣，這個哥哥在家裡的時間何其短。他是一個外向好動的人。我沒機會看到他更小的時候，聽父母說就是頂頑皮。對他的印象大多是他高中階段，尤其是要考大學聯考前，每天晚上念書都要煮一包生力麵加蛋當消夜。那時候生力麵還是新鮮玩藝兒，聞到那味道大家都會嘴饞。吃完了一整箱生力麵，兩個月後他落榜了。

去念補習班準備重考，母親不定時去查勤，他總蹺課被逮到。不知道是我娘會念緊箍咒還是他運氣太背，初中抽菸在巷口就被母親撞見，偷錢也一定馬上被發現，和巷子裡的小太保賭錢，人家竟然還找上門來要債。

只是調皮不用功，他其實頭腦很好。重考前跟父母約定，如果他能上國立大學，他想要一套四聲道立體音響，果然如願。

有一個念大學的哥哥，對我那個年紀的孩子來說，怎會不覺得既興奮又驕傲呢？寒暑假來臨，我會盼望著他的出現，雖然從小他與我並不算親近。我還記得他讀高中時，總是童心未泯愛跟鄰家還在讀國小的孩子們玩彈珠、賭圓牌，我都只能在一旁默默看著。有一回，他跟那群孩子玩起「太空船」（把他們抱起來在空中轉圈圈），我卻等了半天也沒我的分。事後，母親看到了，用命令的口氣對我哥說：抱你弟弟也玩一下！我不知道，這樣是不是只會讓他更討厭我？

他大學畢業，一家人興沖沖南下為他慶祝。結果典禮當天一早，我們在旅館裡左等右等沒見著人，然後有一個學弟出現了，說我哥爬不起床，要他先來接我們。

退伍了，父親託了關係介紹學土木工程的他，去一家黨國大老之子所開的建設公司。三個月後他就辭職不幹了，說看不慣那位富二代的作威作福，執意要出國。多年後母親說起，家裡沒錢只好辦留學貸款，然後銀行裡所有的現金全給他帶上了飛機。那時候覺得自己還年輕，母親說，都不知道沒存款其實是很可怕的。

一年半後，他還沒畢業就要結婚，母親說你答應要還留學貸款的，這樣子你以後還會還嗎？這回母親也悍了，結不結婚都要還錢。從此母子兩人的關係惡化。

我和他在美國只碰過一次面，第一次聽他親口說出了心裡的怨懟：「我畢業找到工作，搬到德州的時候身上只有六百塊！老媽就是偏心你。你從來都沒挨過打，老媽動不動就打我，脾氣最壞的就是她！為什麼我念新墨西哥大學，你念的是NYU？」然後還有一堆零零碎碎的抱怨，「為什麼全家看電影總要我去排隊買票？為什麼外公住院都要我去病房打地鋪？為什麼……」

「我工作了三年才出國的。」我說，「我們相差十歲，整個環境變化大太了，不能這麼比。老媽真偏心嗎？老爸在國外，她半工半讀給你念私立小學，家裡還請了傭人照顧你。以我們家的條件，那時候根本沒法供你出國的。老媽對你付出的，都是超過當時能力所及的。而我出國對他們來說，已經不是負擔了。你覺得老媽在你身上用的心還少？」

那時候他已經都四十了。一直到母親過世前，他從未邀兩位老人家去過他在美國的家。我們沒有人進過他家的門。

原是獨子的他，因為父親多年不在身邊，想必曾遭受過奚落嘲笑。好不容易父親回國了，卻多了一個我，必然造成他心態的不平衡。都怪我好了，沒有我的話，他這一生不會活得這麼憤恨。

他哪裡知道，我頂替他獨子的角色後，要承擔所有他前面留下的瘡疤？

在瞻仰母親遺容的時候，他脫口說了句：怎麼瘦成那樣？

他哪裡會知道，陪伴父母病老死，是比留學貸款更沉重的償還呢？

・・・

那回很意外地，在一家小ＰＵＢ裡碰到了我哥的一位朋友。跟她並不熟，但知道我哥曾投資過她的餐廳，而且曾經在母親生日時，看見她送來的一盆豪華的花卉。她和我哥的關係，其實我們當時都很識趣，不多問。

在酒精的催化下，她那天說了很多。「你哥一直認為你媽媽偏心，」這是她的開場白。只要是我哥的朋友，大概沒人沒有聽過他的這套抱怨。他的哥兒們，有次見到我時根本把這事當成了一個笑話：「你就是郭巴的弟弟？郭巴說你媽比較喜歡你嘿嘿——」

但是這位女士說這話時的語氣卻明顯不同。「他一直認為自己是長子，卻沒有得到長子的地位。我總是反問他，那你這個長子又為家裡做了什麼？」

我記得我哥大學一畢業便曾提出「長子」的要求——家裡的房子應該放在他名下。父母當時都很詫異他是不是交了什麼壞朋友，怎麼會有這種想法？

我不作聲，繼續聽她說下去。

「我一直想要開導他，但是沒辦法。我跟他說，如果你弟是那種遊手好閒、吃喝嫖賭的人，你母親還袒護他，那才叫偏心。可是你弟把他該做的都做了，而這裡面哪一樣你做到了呢？你有好好念書嗎？有陪在她身邊嗎？有企圖讓母親開心嗎？他總是說，我的個性就是這樣……」

我的個性就是這樣，這句話真是好用。當時我心裡不免這樣想。其實我的個性也不太好呢，跟母親總會口角，但是我們都知道，那是企圖讓彼此了解自己的想法，企圖溝通而已。比起爭執，冷漠才更傷人吧？

「我那時就教他，每次回家看父母的時候，一定帶份小禮物，小扣花啦絲巾什麼的，你媽媽一定會喜歡的……」

想起來了，確實某年聖誕節母親有收到過我哥這樣一份禮物。也就那麼一次。會有印象是因為之前他從沒買過禮物，連請家人吃頓飯都沒有過。有一年母親節，我那時還在寫博士論文，抽空回台，正巧他也在，我提議合請爸媽去吃一頓高檔的母親節特餐，等看到帳單時，他拉下臉不肯付錢。

聽到對方提到小扣花和絲巾，隨即一個念頭閃過我腦海：那並不是我哥買的！是她，她幫他準備好的——

「你媽媽過世後，他也很難過，但是我猜，他不想讓你們知道，他這個人就是這樣子——」

我這時才想起來要問她：「妳跟我哥多久沒見了？」

「喔，有一段時候沒聯絡了。」她淡淡地帶過，不想談她自己。我之前還一度以為她是想打聽關於我哥的什麼事，才對我釋出這麼多善意。沒想到，她真的只是希望我們兄弟間能多一些了解而已。但這事為什麼會讓她掛心呢？

臨走前她說：「現在就剩你們兩兄弟和你父親了，你們應該要多多彼此照顧。」這些話，不是應該出自另一個女人才對嗎？應該是我叫嫂嫂的那個人。但是我們兩家實在是太不熟了。

之後再也沒見到過那位女士，在小ＰＵＢ那晚的對話幾乎像是一場夢。直到兩年前那次父親開刀，我才又想到她。

醫師要我辦出院那天正逢週六，全部自費手術的帳單還沒看到，我擔心自己信用卡所剩額度不夠，銀行又沒開，ＡＴＭ只能領十萬……只好問來探病的我哥一聲：你那邊有多少？

我沒錢！

他回答得十分乾脆，一如他堅稱的本性難移。

哥哥過世後的這些日子，我仍不時會回想起他這些著實難以讓人理解的行徑。每個人真的都有所謂的本性難移嗎？本性，那又是什麼東西？如果我和他的長幼順序掉換，我還是今天的我嗎？

哥哥與母親，他們最後在天國相會了嗎？

有一天我們都會老

週日印傭休假，父親的看護由我接手，沒有旁人能代勞。雖然父親行動仍自如，在藥物的控制下，失智情況沒有明顯惡化，但我還是不敢疏忽。父親的話越說越少，得從他表情中判斷各種需求，然後猜測模擬如何應對。

有天他突然沒頭沒腦問了一句：「那個老蔣後來去台灣了嗎？」當場把我嚇壞。結果觀察了幾週，沒有原以為的嚴重，他還能認得電視上的成龍與林青霞。

有人二十四小時在身邊，加上我幾乎每隔一天就一定會回家去跟他說說話，讓父親對事物的反應比起幾個月前有了明顯進步。高血壓與糖尿病的藥早晚按時吃，指數也都維持正常，最讓人費心的現在就只剩他不肯吃飯這樁，永遠回答他吃過了。

趁好天氣帶他去吃小火鍋，他把肉片嚼過後全吐了出來。看著一盤子肉渣問他為何不嚥？因為怕他聽不見，不免大聲了點，立刻引來隔壁桌年輕情侶責備的眼光。小女生提醒我也許阿公食道有問題喔，她阿媽就是那樣。我只好很委屈地解釋，他早餐還吃了漢堡，他以前從來沒有這樣……

結果是，這樣的行為之後也沒再發生。新的情況變成他一餐飯會吃上兩個鐘頭，大半時間閉目打坐，想到才挑一筷子。

我漸漸抓到了訣竅，照顧老人就是要一個慢字。有話慢慢說，說快了他就不理你。散步慢慢走，走快了他就要回家。吃飯當然也得慢慢來。當我把整個週日都設定在空檔，一副不需要做任何事的狀態，我與他的頻率就慢慢開始接近了。半年多來，我的生活裡也因此多了許多無所事事的週日。

一開始會覺得整天啥也沒做很不安，但是習慣以後發現，這不就是陪伴的真正意思？

在大陸工作的友人短暫回台探視，發現他大哥請的看護做菜超難吃。這位朋友的大哥離婚後，又搬回家與母親同住，請了看護之後幾乎很少待在家裡，朋友擔心是否因此才不知看護不適任？大哥自己完全不會做菜，無從教導看護，該怎麼辦？

我可以想像這個婚前由母親照顧、婚後妻子打理一切的男人，如今面對的是一個他完全無力處理的狀況，再多說他兩句，他搞不好會發瘋。提醒老友，如果他哥回一句「那你把媽接去」，那他如何打算？

想起之前看過的一部法國片《春日光景》，讓我覺得比另一部同講老人問題的《愛慕》更令人心痛。

片中罹癌的老婦，有個甫出獄失業又搬回同住的中年兒子。兒子眼高手低，始終無法自謀生活。老母自己搭巴士就醫不敢勞駕，嘮叨幾句還會遭兒子暴怒對嗆。一回兒子甚至對老母作勢舉拳，老母見苗頭不對立刻抱頭，原來兒子已成了他爸的翻版，之前她不知被丈夫家暴了多少年。

癌症擴散，老婦決定前往瑞士尋求安樂死，兒子看母親意志堅定也未阻撓。等待藥效發作的最後短短幾分鐘，做母親的緊擁兒子痛哭不捨。

電影最後一個鏡頭，這個男人獨坐在空曠室外的長椅上，沒有慟嚎或悲愁。一個對自己生活都無法負責的人，那一刻到底在想什麼呢？

常聽同輩朋友們說：老了自己好好過，不靠兒女。但是萬一兒女繼續啃老呢？人無遠慮必有近憂，沒想到我這些年單身過活養出的家事本領，如今竟全派上了用場，特別是教會了家中印傭那一道道家常菜。

有天我也會老。

現在的我，因為照護父親，也正開始在認識關於衰老這個感傷、神祕、卻又平靜的過程。

所有老死的過程都只能一個人走，其實與家人已無關。光是嘴上說不靠兒女是不夠的，還得教育他們別把事情弄得更糟才行。

霜降

青春讓人惆悵

相逢不恨晚

我常自問，母親在世時，究竟有哪些讓她快樂的事？

我指的不是以子女家庭幸福為己任的那種快樂。許多做子女的大概都沒想過，父母們在年輕時曾擁有的某些快樂，有多少後來在兒女面前都隱藏了？或是被生活磨損到再也引不起同樣的興致了？

闔家團圓、子女功成名就之類的，也不過是父母人生後來僅剩的安慰，要說那就是父母的快樂，未免太自我為中心。

一九七八年若不是白光復出登台，我可能永遠沒機會目睹，能讓母親又變回了少女的那種快樂。

早就消聲匿跡的一代妖姬，那年突然又在台現身了。

先是在高雄藍寶石，然後到了台北的中信歌廳演出一週。我陪母親去看了首演，不知為何父親就是沒陪她去，然後她單獨又去捧了幾天的場。每場看完，她都要描述一遍白光當天的打扮還有曲目。然後我又要聽她說一遍為什麼她那麼喜歡白光。

十歲的母親第一部看的電影就是白光主演的《十三號凶宅》，從此就迷上了這位連張愛玲、白先勇文章中都出現過的影壇皇后。什麼胡蝶、周璇母親都不喜歡，就喜歡白光那種大膽又洋派的慵懶與性感。之後她主演的每部電影必看，連剛逃出淪陷的故鄉暫居香港，聽說白光下嫁美國飛行員白毛，要舉行息影前的告別演唱她也沒錯過。細數這些往事，總還不忘插播這一則：

「第一次看電影是你外公帶我去的，演完燈光亮起，我問那等一下要演什麼，外公說還是演剛才那部啊，我好土喔怎麼都想不通，為什麼還要再演一次？大家不是都看過了嗎？哈哈哈——」

記得那一晚與母親坐在台下，主角即將出場，在幕後先聲奪人唱出了招牌曲：「相見不恨晚——」第一句就走音了，全場還是掌聲雷動。母親跟我做了個鬼臉，掩不住翹首期待的欣狂。

「天荒地寒，世情冷暖，我受不住這寂寞孤單……」

偶像終於出現在面前了，一襲水藍禮服，嗓門很大。母親笑得忘我。那一刻，四十出頭的母親與近六十的白光，彷彿都回到了那年，一代妖姬在香港隨片登台……

唱到第三段「你正青春，他還少年」，這時母親突然附耳對我說，歌詞改了，原來的歌詞是「我正青春，你還少年」……

這樁小事不知為何至今難以忘懷。母親話中似乎還有些什麼意思，當年才國二的我，不能完全懂得。改了幾個字而已不是嗎？為什麼讓母親這麼耿耿於懷？

多年後才明白，「你」正青春這一字之差，讓母親惆悵了。

我相信曾有個瞬間，母親看到的不是那位體態圓滾、歌喉勉強的白光，而是十七歲的她印象中那位柳腰長髮的妖冶尤物。

但是連白光都承認老了，「我正青春」已唱不出口。改過的歌詞，就這樣刺進了母親心裡。

還能被父親帶去看電影的童年，暗戀著妖姬的青春期，夢幻著未來的那個新娘……都過去了……過去了……

想像著接下來幾天，一個人坐在台下的母親，不會被現實打擾，老公小孩都不必在旁，只有她和她的白光就好。

我甚至感覺，台下婚姻與人生並不順遂的白光，給母親帶來了某種力量。她們都一起走過了那些顛沛流離，有何祕密的心事，母親只願靜靜在內心對著偶像傾吐。

那年白光的復出的確轟動，但是如今我上維基百科想確認一下當初演出的月分，卻發現網頁上對此隻字未提。

我記得，那應該是春天時的事。

過眼雲煙

我只見過我大舅一面，在我小四的時候。但是他早年那一段轟轟烈烈的師生戀，以及日後女作家以此為題材的成名作《窗外》，卻早已是我熟悉的。

這位大舅當年因師生戀被二女中（現今中山女中）解聘後，又遭一紙教育局公文勒令不得於台北任何公立學校任職，只好到了南部鄉下的職業學校混飯吃。他一蹶不振，聽說還酗酒。女作家虛構出的小說結局，竟在十年後與事實不謀而合。

而那次見面，是因為母親決定下高雄去「走親戚」。從湖南家鄉到了台灣的親戚們很多是軍職，都住在鳳山左營一帶。我與父母南下探親也就只有那一次，一堆以前聽過卻沒見過的舅舅舅媽叔叔公公讓人眼花撩亂，但我印象深刻的只有大舅。

大人們圍坐在客廳裡話家常，我搬張小板凳坐在角落，有點不知所措。對我而言，他們是那麼陌生，但是他們卻那麼開心地從各地趕來一聚。只有大舅沒怎麼說話。默默抽著菸的他，朝我打量了幾眼，然後用湖南話說道：「這個小孩子很會ㄔㄚˊㄧㄢˊ ㄍㄨㄢ ㄙㄜˋ。」

我聽不懂，反問那是什麼意思。

他笑起來：「你很注意大人們在做什麼。」

這就是我與我這位為情字斷送一生的大舅唯一的交談。幾年後他就因長年喝劣質米酒，肝硬化早逝。

當年匆匆一眼，他送了我察言觀色四個字，多年後想起來總覺得頗有玄機。一眼就把我看穿了的他，好像還有什麼話欲言又止？當時的他比現在的我還要年輕許多，想必也是個多情靈通之人。據說懂得命理的他曾說，那個女學生是他逃不掉的一劫。我的大半生也快過去了，他對十歲的我下的註解，證明果真也是我逃不過的宿命。

那次的南下，另有一事讓我無法忘懷。至今還清楚記得我們那幾天住在高雄一家叫「秀山園」的旅社。返家後沒兩天，就在電視新聞上看到高雄秀山園旅社大火的畫面，全燒掉了。當年只覺得僥倖逃過一劫，後來才發現那似乎早已是個隱喻。

別說南部的親友不知曾幾何時就再也沒有當年的熱絡，北部的一些親友也隨著各自生活的改變漸行漸遠。二十幾歲時，我不懂人與人之間為什麼常常就會突然冷淡了。如今才了解，聚散的背後是因為太多事不想多提，不願回顧，寧願就此擱置。而或許更多的時候，相見爭如不見？

大三那年，父親年輕時的麻吉，終於在移民巴西二十多年後首次回國了。那也是我第一次看到父母與他們少時的朋友久別重逢。相識時他們都剛結婚，才二十出頭，卻已經開始養家活口，一眨眼後都已早生華髮。那位伯伯回憶著往事，有點激動地對我說：「你媽媽那時還是個梳著兩條辮子的小姑娘，好可愛，總是開開心心地在哼著歌……」

而眼下他看到的是第一次罹癌化療剛結束的母親，跟他印象中那個活潑少女相差已不知凡幾。而我聽到這話的當下，心頭一震：他口中這樣的母親，我從來不曾見過。

不管是家人，還是老友，也都只能蜻蜓點水般，匆匆來去。母親過世前三個月，意外接到電話留言，早年非常要好的一位女同事，也在移民美國多年後回來了。看得出母親為此心情起伏，重病的她想見卻不敢見，最後只好用傳真回覆，也只說自己在養病。

也許母親心裡還是默默在期待著什麼，結果只接到另一通回話——會聯絡只是因為在做直銷，她在生病的話，那就算了。

一段琴

我在國高中的時候，都碰上了學期中要來辦一個才藝表演的音樂老師。

在升學主義如火如荼的當年，音樂課從不是大家在意的科目。男生那時都在變聲期，音樂教室裡傳出的歌聲更是五花八門，總夾雜了奇怪的走音或唸經似的低八度。老師很敬業，不怕春風喚不回，覺得才藝表演多少可以讓這些男生沾上一點藝術文化的邊。

我仍記得自己搬出了什麼樣的才藝表演：唱京戲。

真要問，我對京戲有什麼高深的素養或熱愛，其實也沒有，只不過小時候耳濡目染，聽多了也會跟著哼哼幾句罷了。電視頻道上現在已極少見到京劇的節目了，但我想，那也曾是許多外省小孩的集體回憶吧？

我這一輩人大概都還記得，小時候每年春節電視上的特別節目裡，都會有一齣〈五花洞〉、〈荷珠配〉之類的熱鬧戲，讓非京劇科班的藝人來票戲，在當時也是很有收視率的綜藝型態。

這幾年遇見過幾個本省籍的前輩老學者，很驚訝他們對京劇也是有涉獵的。本還以為對他們來說，京劇也是老蔣外省政權的洗腦工具之一。結果不然。他們原來早在日據時代就知道梅蘭芳，大陸還未淪陷前，顧家班在永樂町劇院的演出也曾風靡本省籍的仕紳名流。

也許對老一輩人來說，在還沒有流行文化之說的年代，京劇很像我們今天的流行音樂。名角兒不分東西南北，好聽的就朗朗上口。正如同時下年輕人也會喜歡韓國偶像，看大陸選秀節目，也學唱張學友的粵語情歌。當年電影巨星李麗華粉墨登場演出〈拾玉鐲〉，造成一票難求的轟動，我那時年紀雖小，卻仍對此事有深刻印象，跟今天江蕙開演唱會不相上下。

・・・

外祖父在八十幾歲時突然迷上了票戲。每週二的下午，都會有一位胡琴琴師來到外祖父居住的日式台大宿舍。

琴師到府，現在想起來，簡直就是一種移動式的卡拉ＯＫ。

也許只是形式與技術不同，總要抓住一些旋律回味再三，卻是共通的人類情感。

現在我才懂得，在外祖父唱起那些二簧原板西皮快板的時候，也許就像我唱出了一曲鳳飛飛鄧麗君，都是點滴的過往在心頭。

我的父母原來都不懂戲的，但是為了陪外祖父消遣助興，他們去中華商場買回一堆京劇唱片開始苦練。（啊，鳳鳴唱片、女王唱片……誰還能像我一樣記得那些封套包裝？）母親甚至練起了老生戲讓外祖父開心。曾經向四大鬚生之一的余叔岩當面討教過的外祖父，總能對母親的唱腔板眼指點督促。

我就是這樣片片段段聽熟了那些唱段。捉放曹。珠簾寨。托兆碰碑。搜孤救孤……母親除了余派，也拿手言派（菊朋）的〈讓徐州〉和〈賀后罵殿〉。我的言派戲可是經過外祖父認證，很有點韻味的。

・・・

老人家愛唱戲的那幾年裡，他們父女間多年的緊張解除了，印象中一家人難得的和樂融融。八十幾歲嗓子早就瘖啞的外祖父，每段戲詞他都仍牢記不忘，每個板眼都一絲不苟，彷彿是對生命熱愛的一種表達。

如今這個家，只剩下我與父親經常無語對坐。直到有一天，我突然靈機一動，拿出手機上網找到了 YouTube 的京劇影片。總是無精打采的父親，突然眼睛亮了起來，捧著我的手機，邊看邊露出孩童般無憂的微笑……他甚至還記得一些唱段，聽到陶醉處也會忍不住跟著哼唱起來……

在手機播放出的胡琴聲中，我彷彿又看到了那個有點少年老成的自己。

不管別的同學怎麼搞笑，我拿出了在卡拉ＯＫ都尚未問世的年代，琴師幫我事先錄下的胡琴伴奏卡帶，請老師放進了錄音機。

消失的聖誕樹

童年記憶中每到十二月，客廳裡會出現一棵燈光閃爍的聖誕樹，與供奉的菩薩互相輝映。

母親曾就讀教會小學，父親也留歐數年，或許對他們來說，聖誕樹並不具宗教意涵，而是召喚著人生中某一段的美好。

家庭相簿中的黑白照片記錄著三十郎當的父母，在十幾坪仄狹的老家中辦過的一場聖誕舞會。那麼年輕的父母，如此陽春的舞會。照推算，我那時不過三歲，奇怪的是，我對這場舞會竟有印象……

某年，有人送給父母兩張新加坡舞廳的聖誕夜舞會入場卷。等我次日醒來，發現五顏六色彩紙做成的皇冠后杖與仙棒汽球，丟了一屋子。父母肯定去了一個有魔法的地方，我想，因為他們看起來十分開心。原來前晚的摸彩，母親還抽中了派克金筆一對。

父母偎擁起舞的畫面我從沒見過，只能全憑想像，在腦海中留住了他們年輕浪漫的舞姿……

第一次吃到火雞餐，是在台北館前路上已拆除的中國大飯店。父親從香港來的老友請我們過節，只記得火雞肉硬邦邦不怎麼好吃。離開飯店時，隔壁的YMCA正在辦派對，進進出出都是外國學生。

國二那年的平安夜，父親去韓國開會，哥哥在南部念書，只有我與母親二人。我們還是裝起了聖誕樹，母親還心血來潮買了一張聖誕歌的唱片。對於家中聖誕樹的印象，不知為何在此戛然中止。

多麼希望快樂的記憶在此永遠定格就好。

次年的十二月十六日，美國與中共建交，全國上下一片哀戚。年底哥哥準備負笈美國。距越南高棉淪陷才相隔兩年，儘管家中經濟條件並不優渥，父母還是貸款把兒子送了出去。我常在想，那年登上飛機的留學生中，有多少早打定主意，不會回來了？

隨著我升上高中，聖誕樹也從此匿跡。我才恍然大悟，收起聖誕樹，代表在父母心中，家中已經不再有孩童。原來這個節日之前是為了我才被保留著……

民國七十年元旦，高二的我參加了總統府前的升旗典禮。

那日母親也興致勃勃起了個大早隨我同行。記得我們在清晨寒風中與廣場群眾高唱著國旗歌，看著國旗緩緩升起，台美斷交後的舉國不安，好像真的被初現的曙光驅散。

我偷瞄了母親大聲唱歌時的表情，激動中帶著含淚的幸福。我們都會平安幸福的，我跟自己說。

一年後母親罹癌，身體從此瘦弱的她，日後仍經常跟我提起：「還記得那年我們去升旗嗎？……」

當然記得。

母親過世後第二年，我獨自又悄悄去參加了一次。這回，就當是與她的道別。

電影散場

童年最快樂的印象，幾乎都跟隨著父母去看電影有關。

也一直認為，電影曾是他們感情生活中最佳的潤滑油。因為我一直記得，當他們還是年輕父母的時候，經常一起去看晚場電影。他們回來時我人已在床上，但還捨不得睡，總愛等著偷聽著一會兒後他們準備就寢的同時，一邊還會繼續輕聲討論著剛剛看過的電影劇情。

但不知從何時開始，他們就很少一起去看電影了。

家中有了錄放影機後，母親總是自己租片自己看，曾經當過電影導演的父親，竟然對看電影這件事變得越來越沒有興趣，我無從理解這背後的轉折。記得也不過是幾年前，他們還會為了許多難得的歐洲藝術名片，專程跑去偏僻的二輪戲院，我一知半解地跟著他們看那些名片，感染著他們的興奮。

曾跟著他們趕去景美的某家小二輪戲院，只為了一部被當成色情片放映的安東尼奧尼名作，《慾海含羞花》。第一次讓我感動的藝術片，是在西門町紅樓劇場看過的《單車失竊記》。後來我跟旁人問起，你知道台北以前有家華聲戲院嗎？看到連老台北都面露狐疑我就好生得意。在八德路喔，我說。我會知道這個地方，因為跟著影迷父母在那裡曾看了另一部讓我此生難忘的《男歡女愛》……

藝術的啟蒙與親子的時光，曾在我記憶中如此甜蜜地連結。但我的父母從還會相偕去趕晚場電影，到日後一起上街卻從不再並肩同行，這樣的變化是怎麼開始的，卻在我的記憶中留下一塊空白。

・・・

母親還是愛看電影。我上大學之後變成是我們倆，每年在金馬獎與奧斯卡揭曉後，常一起趕著去看那些得獎影片。

張毅導演、楊惠姍主演的《我這樣過了一生》，因時代背景與她初成家的民國四十年代相符，喚起了母親許多的回憶：

「那時都是燒煤球啊……八七水災，你爸不在，我帶著你哥還有一個七十歲的傭人李嫂，沒處可逃，幸好隔壁鄰居從屋頂上丟繩子給我們，可是那個李嫂硬是不肯走，說是死了算了……唉，最後好不容易把她也推上了屋頂等人來救。我在上班，請了李嫂照顧你哥，老太太怎麼管得住他？那時你還沒生，她在我們家幹了六七年，總是說：『太太，妳要答應我，要帶我回南京老家啊！』」

這個忠心的老僕人，據說最後真的就在我們家壽終正寢了。沒法帶她回老家，但是母親念在她是個被兒子媳婦趕出家門的孤單老人，即使後來沒法勞動了，母親卻始終沒有辭退她，這是母親做人厚道之處。

「大水退了之後，更可怕的是滿屋子的汙泥，清洗那些厚泥巴，害我的腳趾被細菌嚴重感染，半年都沒好。」沒有男人在家的生活不易，母親的能幹比起電影中的楊惠姍不遑多讓。

印象最深的，是有一回與母親兩人一起去看了一部叫《心火》（*Heartburn*）的文藝片，由梅莉・史翠普與傑克・尼柯遜主演的。梅姨飾演一位被老公慣性偷吃搞得抓狂的雜誌主編，一再原諒容忍，企圖挽回婚姻，最後仍是一場空。

電影結束，母親坐在位子上半天沒起身，最後像是自語般：「做女人真是辛苦，又要上班，小孩又要生病，碰到男人還在外面一直亂搞，真的是讓人心力交瘁……」

她在說她自己的人生，我知道。我當下默默聽著，有些難受，卻不知該如何回應。

就這樣，我錯過了也許可以追問出更多內情的機會。

・・・

母親從發現癌末到往生，不過半年，我每週台北花蓮來回趕，竟然常在進家門後發現，母親還在吃著我離開前做的那幾道剩菜，都不知用電鍋加熱過幾次了。這些我都記在心裡，無法原諒（或理解）父親的行為。

但是有天晚上，病榻上的母親突然要我出去，把父親叫進她房裡，然後他們就關起了門。

聽著他們門後輕聲的交談，我突然就想起了多年以前，看完晚場電影後的他們，也是同樣會如此窸窣地低語。不同的是，這回是母親在跟父親做最後的交代囑咐了。

母親到底跟父親說了些什麼呢？

我永遠不會知道。

更重要的是，他們也不想讓我知道，那是他們夫妻之間的事。

同在一個屋簷下過了一輩子，即使到她臨終前，她的丈夫還是那個暴躁不體貼的人，但他們之間有過什麼樣的協定或恩怨，最後要一筆勾銷或繼續諾守，都跟當時在他們身邊唯一的兒子無關。

做夫妻與當父母，未必是一體的兩面。當時如此驚覺，令我感到巨大的衝擊。

從子女的眼光看待上一代的婚姻，每一個創作者都會面臨到一個難題：你自己的位置是什麼？你選擇介入了嗎？你真正了解嗎？

讀過太多小說或散文，作者是完全自我為中心的。他／她不能接受父母的不完美，也沒有勇氣承認自己的過失，最後都是溫馨的懷念，或是淡淡的、無傷大雅的幾聲嘆息。

最近看了由普立茲戲劇獎改編成電影的《八月心風暴》，那樣赤裸而真實地描述了子女對父母婚姻的一無所知，讓我終於有種從壓抑的悲傷中被釋放的感覺。

同時，我無法不去想像，如果母親還在世，當我們一塊兒走出戲院時，這回她會跟我說些什麼？

歲月的塵埃

一輛黑亮的進口轎車停在老家巷口不遠處。是一個晴朗的看護休假日，我陪著父親出門散步回來，禁不住朝那擋道的轎車多瞧了一眼。

司機先下了車，打開了後車門。先下車的老婦我一眼便認了出來，她怎麼會三十年都沒變？

那時候在一堆同學的母親中，她就看起來很老了。叼著根香菸，一口鄉音濃重的國語，說起她的寶貝女兒，永遠是得意非凡：「她從小就說要做台灣第一位女外交官！」——

我的那位同學也在車上嗎？

果然，從眼角餘光便打量到貴為集團總裁女強人的她，隨後下了車。二十年來第一次撞見，我心頭一慌，加快腳步並撇過頭去。

國中同班三年，曾是到大學畢業後都還有聯絡的死黨，這些年來只會經常在電視上看見，她成了校友間不時會提到的傳奇。從小在國語文競賽上我們都是爭冠亞的戰友，直到她棄文從商，成了現在的總裁名人。

她的鬥志與早熟從小就過人，她的成功絕非偶然。若只是同學會上相見，我想我不會躲避招呼。若只有我一個人在路上，也許還會迎上前去，畢竟當年我時常下了課去她家玩。但她們怎麼會乘著私家名車來到我的老家附近？小學時，沒有父親的她居無定所，與母親三天兩頭都在搬家。然而，我突然就自慚形穢了。不是因為她如今的頭銜，而是我難過，竟然沒能讓我的父母也過著令人羨慕的晚年。

父親應該根本不會記得我這位同學了，但萬一他還記得呢？如果母親仍在世，看到眼前這一幕，究竟她會沉默不語，還是會對我說，「兒子，有你真好」？

父母都不是虛榮浮誇之人，否則也不會讓我念了那個時代的男生都不會選擇的文組。我也常自嘲一人飽全家飽，在文學閱讀與創作上下了那麼多工夫，至今仍然覺得豐富值得。但，如果只顧自己就好，人生又剩下什麼呢？

攙著父親走到巷口，抬眼看著老家所在的舊建築，那曾是這條馬路上第一棟七層的電梯大樓，我一時間情緒竟震盪難平。

想到父母當年也都是白手成家積攢，給過我這麼安穩的童年，但該是我接手維持的時候，我卻沒有能力讓這個家不露出殘敗。

為什麼我的工作得在外縣市？為什麼我讓母親臨終會說出：「你哥他們一家過得很好，你爸會自己找樂子，我都不擔心。我唯一擔心的只有你……」難道是因為我不夠霸道強勢？不懂得懷疑與心機？電視上沒演嗎？怎麼會沒料到哥哥把父親的存款領走？當父親身邊多了一個來路不明的女人，為什麼還要心存善念，覺得不應該先入為主，以為天底下有情有義的人還是可能存在？

我或許可以辯說，當初是父親把我趕出去的，照顧父母不是我一個人的責任，如果沒有親兄弟掣肘的話，也許一切會不同。但是事情就這樣發生了，容不得無謂的假設。

現在的責任都在我身上，想到能做的就只有這麼多，我都有一種自恨自厭。看看那個煥發一如當年的同學母親，她可能永遠在睡夢中都含笑，這樣的女兒有一個就夠了！而我只會讓母親在世時擔心，讓父親在仍康健時嫌憎。

短暫的衝擊過後，又是同樣的日子。

但即使是這樣的日子，我仍得要戰戰兢兢地過活。才把父親送進臥房休息，我又得出門去採買，開始準備父親的晚餐。

清明

所有的堅強都是不得已

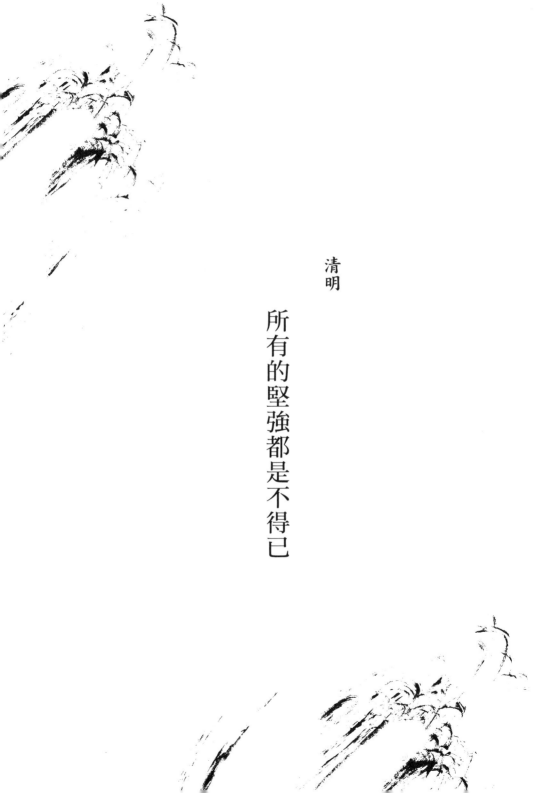

我們都一樣

三十多年的老友，曾是鄰居也是同學，十年前他生了一場大病，末期癌症竟然痊癒。基督徒的他說，那是主認為他還有用途，所以要繼續留他在世上。

我們中間曾有二十年沒聯絡。他在忙著事業，忙著離婚；我在忙著學業，忙著回台灣後一切從零重新開始。幾年前又取得聯繫，沒想到那時各自人生繞了一大圈後，我們再度隔巷而居卻彼此渾然不知。將近半百之年，卻在原點重逢，但我們都已經歷了太多。

久別重逢，他當時熱心地一定要為我介紹女朋友，我只好把自己的情形據實以告，信仰堅定的他當場愣住了。半天才說，他們教會裡也有從前是同志的，如今信了主也結了婚。我說那也很好。那次之後我們就很少見面，只有在每年耶誕節前，我會收到他福音晚會的禮貌邀請。

趁著春假，我這回主動聯絡約他。老友曾經是外商銀行的一級主管，事業顛峰時，桃花也搶著盛開，偏在這時身體出了狀況，最後婚姻愛情全部一場空。現在恢復了單身一人，養病無法工作。有固定女友，但是他說，不會想再婚了，覺得把自己照顧好最重要。

我忍不住這時插嘴：你這個花心異性戀男，現在的人生目標怎麼會跟我一樣？他笑說，之前他有很長一段時候不知道該怎麼跟我說話，怕不小心傷害到我。可是他後來特別去上了很多與性別有關的課，覺得根本不該有差別。教會裡會歧視同志的人，他認為其實是他們自己生命裡有太多的仇恨在作祟。

我不禁想到，上課時曾問過研究生的一個問題：為什麼一九八〇年代同志大聲疾呼自己是天生的，同時有大筆研究經費投入了尋找所謂同志基因的科學研究，但三十年過去了，卻沒聽見至今研究成果如何？

有同學回答，是不是已被高層權力陰謀禁止了？我笑說：也許早已經有結果了，但這是不可以公開的謎底，因為一開始這種假設就有致命的謬誤，事後出現有識之士警告此路不可行。

學生們面面相覷。我再接著解釋：為什麼要向世人證明「自己是天生」的是同性戀，而非異性戀者？膚色是不是天生？美醜是不是天生？種族主義者何曾認為，天生就可以和他們平等？

為什麼不是異性戀去檢驗並提出解釋，是他們「少了」某對染色體，如果所謂的證據可以被發現的話？正常或天生，都只是欲加之罪的藉口，是對方設下的圈套等你自己跳。更堪憂的是，一旦有了同性戀染色體檢測，如何防止這項技術濫用造成的預防性墮胎？

學生們睜大了眼睛，顯然他們從不曾針對更深入的哲學命題角度去思考。就像其他許多的社會運動，一般人多麼容易就掉進了簡單的對立衝撞，古今中外皆然。

你永遠無法、也無需向仇恨者「證明」什麼。無須證明自己，只要能了解的人懂得你就好。所謂的社會價值觀，都是太虛妄的恫嚇，身邊真正在乎我們的人才是我們的社會。我的老友承認過去是他的無知，他對我的看法沒有改變，反而是對某些教友的言論開始不以為然。

晚飯後，我們坐在路邊的台階上，看著過往人潮，喝著超商買一送一的咖啡。「所以，一切到後來都會有答案的。」他說，「這也許是年老的福利之一，終於懂得這一切究竟是怎麼回事。」

大家都有故事，但也往往因害怕外界眼光而說不出口。說出口才發現，人生到最後大同小異。都有滄桑，也都寂寞，但求一份心安理得而已。

誰配當親愛的？

如果不是前情人又跑來訴苦，不到三個月他就被當初劈腿的對象甩了，我還真不知道外面的世道已經變得如此不堪。前情人謊言破錶，一方面跟我頻頻道歉，同時在網誌中仍向對方繼續強調，跟我在一起的三年是無愛的假裝，直到與他的乾柴烈火。

被劈腿後，我的網路搜尋技術變得突飛猛進，說來豈不諷刺？不開臉書，之前的手機連上網功能都沒有，結果還是成了這一鍋湯裡的另一隻癩蛤蟆。這兩人在網路約炮室認識，在網路上公布虛偽的日記，前情人不知對方同時還在更多的交友軟體上繼續到處放電，因為我的衛星定位搜尋出他何時跟誰在哪間商務旅館……

沒錯，是我太無聊。

不甘與受辱的感覺不是來自再次的傷害，而是竟然被捲進了這個陌生複雜的遊戲。也許舊時代因為沒有網路，這些穢亂才沒有端上檯面，其實自古以來皆然？我企圖安慰自己。但誰能保證，公開大量流竄的虛情假意不會讓人心變得更腐壞？在這樣的時代，我還能期望怎樣的感情？

曾經以為，自己感情不順利或總看不對人，是不是要追溯到成長經歷中，有哪些父母婚姻陰影所留給我的觀念偏差？直到這次被嚴重地背叛，我終於理解到，並非得到了愛才讓我們成為一個幸福或完整的人。更重要的其實是，在發現自己被愛矇蔽、或失去了愛之後，我們成為了一個什麼樣的人。

日本影帝高倉健的遺作《我最親愛的》，也許是近年來唯一感動到我的愛情故事。一般人總不理解，電影小說都是虛構，怎能信以為真，當成人間有真愛的證明？其實，你會為什麼樣的故事感動，恰可以證明你是什麼樣的人。我只能說，在這部電影中，我看到最不完美的人世間，人們還能完成一點什麼樣的情愛。

高倉健飾演的角色，是一個年過五十始終單身，在監獄中擔任矯正官的沉默男子，田中裕子則是一位歌唱家，經常來獄中做義演。男人的心房不自覺間就被女人的氣質與歌聲打開了，但女人突然不再出現。

直到他日巧遇，男人才明白她一次次來獄中，原來只是為了其中一位受刑人而唱。如今受刑人已身亡，她的聲聲相思都成了遺憾。女人接受了男人的追求，之後兩個中年人度過了堪稱平靜美滿的十五年婚姻生活。不幸女人癌症離世，臨終前曾委託後事，要男人將一封信寄到女人海邊故鄉，並希望他能到她的故鄉海上灑下骨灰，再去郵局領信。

長途的車程跋涉中，男人回想著往日點點滴滴，他何嘗不知道，那位受刑人從不曾被妻子遺忘，或許那人才是女人這一生的最愛。但妻子尊重他，照顧他，理解他，連在病中都手寫下簡單食譜，為了男人的健康著想。終於到達目的地，完成海葬後展信，裡面竟然只有「再見」二字。

何以需要如此大費周章？原來是，女人連男人喪妻後的心情該如何撫慰都做好了安排，知道若沒有這一趟孤獨的沉澱之旅，他不可能好好地與她真正道別……

他其實早就是妻子「最親愛的」了，他終於明白。只是他們之間從沒有過轟轟烈烈的愛火，有的只是各自許在心裡的一個盟誓罷了。

這樣的情感很難嗎？當然很難。但我只想問，自己配不配得到這樣的一份深情，而不想懷疑世上到底有沒有這樣的相許。

說愛太容易，親愛的這三個字也已被使用得輕佻的年代，惟有忍受寂寞，或許才能維持住自己人格的某種高度吧？

沒那麼簡單

這樣疲於奔命的日子已經好一陣子了。時間總是不夠用。跑銀行存錢領錢刷本子。去郵局寄包裹。去乾洗店拿衣服。去租片店還片。去買衛生紙洗衣粉。去便利商店買牛奶果汁吐司，利用那裡的 ibon 買每週來回花蓮的火車票。記得要繳管理費。記得要繳信用卡帳單。記得要繳房屋稅地價稅所得稅。注意父親每個月三種不同門診的掛號日期。注意印傭最近是不是偷懶老給父親吃麥當勞。抽血報告出來沒？為什麼又要驗尿？水管漏水了。冷氣要加冷媒了。又要預約洗牙了。該理髮了。該給傭人發薪了。該洗廁所洗廚房洗床單了……

這些都還是日常生活所需，還不包含我備課、改學生論文、寫稿、演講、錄廣播、參加評審、研討會等等等。我的口腔裡長了個息肉，竟然從去年十月發現就一直沒時間去割除做化驗。

總算下定決心抽空去動了手術。化驗報告出來說是良性，我才發現，我壓根兒連擔心萬一是惡性的時間都沒有。

是我自己太沒有效率嗎？還是因為一個人現在要兼顧父親的生活？如果現在的我

已經有點不堪負荷，等我年紀再大一點，我還應付得過來嗎？

距離老這個字又更接近了，這種感覺日漸鮮明起來。

去郵局領稿費，越是心急，號碼燈越是不閃。放眼一瞧，年老長者占了大多數。這邊是一對銀髮老夫婦，不知道第幾次遺失提款卡又來重辦，那邊是一位歐巴桑怎麼也聽不懂辦事人員跟她解釋，為什麼她不能自己領走死去老公的壽險金：「妳的小孩都有繼承的分，這又不是我規定的！」一位拄著拐杖滿口鄉音的老爺爺抓了一把支票在手上，嗚哇嗚哇沒人聽得懂他到底想幹嘛，一旁的人都覺得他一定會弄丟那幾張支票而莫不捏把冷汗……

看著這群無人幫他們跑腿處理事務的老者，掙扎著在這個資訊紛雜多元的快速變化社會裡求活，我原本的焦躁不耐煩立刻化成了同理心。在萬事皆將以電子網路服務取代人工的不久將來，我這種現階段就已跟不上e化腳步的中年人，老來處境比起眼下的這群只會更慘。至少他們還能找到一個真實的窗口，而不是虛擬的語音按鍵。

同時，我彷彿看見我的父母，在我尚未回國的那些年，勢必也同這些老人一樣，戰戰兢兢地自力更生。那時才三十多歲的我，何嘗想過生活雜務可能對他們造成的負擔？因為他們從來沒跟我抱怨過，讓我一直以為，我的父母是很能獨立生活的老人。

母親死後，父親恐怕才明白快樂銀髮族不是吃喝玩樂就好了。沒有了母親有條不紊的家事管理，他開始捉襟見肘，生活終陷入一片混亂。存摺印章開始找不到了。屋內也不打掃了。衣服不洗了。內衣褲只管一直買新的，襯衫長褲統統送洗，然後洗衣單也找不到了。連攝護腺肥大，排尿早已不順，卻仍諱疾忌醫拖到不可收拾……

對了，醫院才更是高齡化社會的最佳縮影。獨居老人突生急病時該怎麼辦呢？我們都無法預想自己到七老八十，會變成一個怎樣無助、或如何痴橫的老人。衰老，不是增加幾條皺紋而已，而是會把生活裡原本最簡單的一些事，攪成了千頭萬緒。沒走到那一步的人，都只是霧裡看花。

如果有人要以老人養護政策做為競選總統的主要政見，我在心裡已經投他一票。

我不過是假裝堅強

做了一個名牌，寫上家裡印傭的中文名字，要她掛在身上，沒事就要指給父親看。經過了一年多時間，我終於才想出這個方法，而父親也因此真的記住了，這成了目前我生命裡唯一有成就感的事情。

除此之外，生活留給我的印象不外乎灰濛一片，我不敢去深觸這表層底下究竟有什麼伏流。甚至我不敢大聲呼吸，怕一不小心又會驚動起塵土飛揚。

一年多前父親行為的完全脫序，讓父子關係疏離已久的我陷入兩難。我不知道他身邊的女人，還有我的哥哥，對我決定插手挽回已崩散的那個家會有什麼反應，更不知生活原本就已夠忙碌，且對老人看護一無所知的自己，究竟能否挑得起這個擔子。

老人問題從來不只是食衣住行而已，而是跟他相關的一切都必須砍掉重練，相信只有真正接手過這樣任務的人最能了解。家裡出現了不按牌理出牌的失能老人，不管是因失智，還是對年老恐懼因而自暴自棄，他就像是一個會不斷擴大的織網破口，屬於家人間的一切都會如落石崩塌般，一直掉落進那個破口裡。

我在第一時間撲上去，彷彿想用自己的身體擋住那個破口。告訴自己，一路成長過來已經承受過這麼多的創傷，曾經獨自一人挺過，這回一定也可以。用悲痛的記憶幫助自己再次咬緊牙，類似服用抗生素或施打病毒疫苗的原理，讓自我的抗體再度備戰。

如今父親竟然能叫得出看護的名字了！只能說些許感到安慰，一點也不會因此讓人鬆了一口氣。從沒聽說衰老能夠逆轉回春的，不是嗎？眼前的父親比一年前反應靈活了些，只是暫時的重新啟動嗎？如果他的失能有部分是心理因素，而非全然功能退化或病變造成，我又怎知他何時又會陷入下一次狂亂的低潮？

甚至會恍惚覺得，這突然生效的傷害控管並非由於我做對了什麼事。也許，這只是一場未經我同意的浮士德契約，是死去了一位親人與失去了一個情人所換來的。

哥哥的去世與情人的背叛，留給我的除了悲傷之外，更多的是無解的困惑。他們都在某一個時間點做了不回頭的決定，留下我在那個他們不要的世界裡。一個與他人劈腿不到兩週便斬斷三年多的感情，一個在母親病危前決定不趕回，連自己將撒手人寰前跟朋友忙發電郵囑託瑣事，卻對僅剩的父親與手足不想留下隻字片語，斷得不可謂更徹底。

我再沒有機會告訴他，化療禿的母親曾要我拍下她的病容，交代我「這張照片以後要讓你哥哥看到，讓他知道他的娘最後病成什麼德性……」但我並沒有拿出來，甚至沒有送去沖印。是我比她了解她的兒子嗎？知道有些人是永遠不會改變的？

每個人最近見面時都說，你瘦了好多。我並沒有感覺身體有因此變得輕盈起來，反倒記得的是自己經常都是氣喘吁吁的。

午夜兩點，拖著蹣跚步伐離開我的研究室，獨行在寬廣得近乎荒涼的校園中。自助餐廳收攤太早，下了課後永遠趕不及的我，多年來都只能餓著肚子把事情忙完，在凌晨步行二十分鐘前往校區裡唯一的超商，買一份微波食物果腹。這一晚，燈光昏晦，野犬貼身徘徊齜吠尤其不懷好意，暗路途中我卻只能硬著頭皮，繼續朝著五百公尺外的超商燈光膽顫心驚地前進，因為深更半夜四望無人，我沒有其他選擇。

想不起這樣的日子我已經過了多久。就像我記不得，上次渴望能有一個伴跟我一起下廚晚餐，已是多久以前的事。

當生命中有一大塊變成了空白，並非事物消失，只是它們化成了不可見的重量，這種不能，也不願放下的背負，或許，便叫做愛。

但是真的好累了。

短短幾個月內，連番的打擊接踵而至，朋友都不知該怎麼安慰才好了，只能用「你比你想像的堅強」、「你一定可以的」這些話來幫我加油打氣。但是我可不可以不必這麼堅強？我心裡總有一個虛弱的聲音在呢喃。一次一次相信事情總有轉機，以為挺過了眼下這一關，接下來就不必這麼累了。如今我還能繼續如此相信嗎？

這學期的戲劇課，我選了另一齣普立茲獎的得獎作品《心靈病房》（*Wit*）。回到宿舍，夜裡打起精神備課，把改編的電影版ＤＶＤ從書架上取下，猶豫了一會兒才放進機器裡。愛瑪・湯普森所飾演的英國文學女教授，單身無家，有的只有學術上的名聲以及學生皆知的嚴格不苟。她冷靜而睿智，獨立又自主，在獲知自己罹患癌症後，幾乎也當那是學術上的挑戰一般，面對曾修過她英詩課的主治醫師，更不忘維持住自己向來在講台上的自信。但是化療終將擊垮她的勇敢，癌細胞繼續無情的蔓延，侵蝕的不只是她的身體，更是她一輩子最謹守的孤獨防線。沒有任何人來探病。沒有一個親近的人了解她的痛苦與恐懼。

曾經是她年輕時一心效法的指導教授，現在早已是一個退休的老奶奶，因為要去參加孫子的生日派對，進城順道去系上拜訪，才知愛徒重病。師徒相見，悲歡盡在不言中，作學生的倒在老教授臂彎中，只能無助地哭泣。老師問：我來唸詩給妳聽好不好？愛瑪・湯普遜的演技在這一刻深深撞擊在我的胸口，只見她有氣無力，卻仍決絕悲憤地喊出了那一聲：NO——老教授只好緩緩從袋中取出原本給孫兒準備的生日禮物：那我來唸故事書給妳聽吧……

眼前這一幕讓我也哭了。獨自一人在宿舍中的我，毫無顧忌地開始嚎啕。

因為太明白這種孤獨的代價，我知道自己早就沒有訴苦的權利。沒有人生來就需要這麼堅強，所有的堅強都是不得已。

我習慣了咬牙與隱忍，從不奢想老天給我一個全然不同的人生，甚至擔心，我根本也不能適應那樣的喜樂小日子。但是能不能，也讓我有一次機會，再像孩子那樣哭一次？有沒有人可以把我當作孩子一樣摟住我，不要再對我說，你要堅強，而只需寬容溫柔地告訴我，好啦好啦，不哭不哭……

只要那樣就好。我要的，也只是這麼多而已。

如果可以不再有後悔

學期中遞出了留職停薪的申請，待三級三審通過，已近期末。

能有請侍親假的機會，我寧願是在父親還能說能動的時候，多花點時間留在台北陪他。真的等到老人家躺在床上不能起也不認得人的那一天，我以為那時再請假侍病床前，已經沒有多大意義了。

不是嗎？

這一年的驚濤駭浪，不能說已風平浪靜。人生教會我的，不過就是永遠準備好面對可能的下次風雨。該現在做的就不要再遲疑了，總要有些取捨，人生沒有所謂的贏家，不過是看誰能在不圓滿中盡量求得一個平安。或心安。

我五十一了。

單身，母親與哥哥都已過世。家中只有我，和已九十歲的老爸。

突然發現人生走到這一步，也不過這麼幾句話就道盡。

學校宿舍的租約在這學期也將到期，既然留職停薪申請已通過，不如就搬出吧。

我這麼決定。上課的最後一週，每晚回到宿舍就是開始動手清理房子。

從美國回到台灣，一直在過著從這個宿舍到另一個宿舍的日子。雖然在這個宿舍裡已度過了十五個年頭，但是我在這空間裡存放的只有書和衣物，一直不敢多添長物。家具都可以教人來清走，連許多衣物也因我又瘦了下來，都可以扔棄。看得見的，並沒有太多需要裝箱打包，最後也不過是留下兩箱的書。

十五年的時光又要如何打包呢？

除了在此曾像修行一般度過了母親離世後的悲傷，還有十五年來兩位研究生的情傷自殺，同學猛敲著我的門在外喊著噩耗。溽熱的暑假裡，獨自在此埋頭寫著升等論文。還有第二任情人，曾經從美國專程來看我，為我掛上的門簾。我們那時都以為遠距離只是暫時，直到他發現母親過世後我不可能丟下我爸回到美國，而他也不可能移遷來台就業……

都是無奈與不得已。

在宿舍的最後一夜，我走到屋外前的小空地上，點起了一支菸。當菸頭燃盡，我的心已平靜。

是的，只能交給時間。所有的缺憾與悲傷，終會過去。

雖然還是會不時給前情人發訊，還是會想起他三年多來的陪伴。在我初接手父親照護時，成天都神經緊繃而易怒，那時的他卻能包容留下。在我為了手中進行的長篇小說失眠或心不在焉，他還是配合相隨。究竟為了什麼卻像著了魔一般，他再也不記得我們過去的種種？對那個玩弄他感情的對象，卻決定繼續痴痴守候回頭？……也好。他沒有逼我選擇，是他還是我的寫作？是他，還是我放不下的那個家？

「下學年留職停薪。明天搬出宿舍。」在手機螢幕上按下簡短的兩行，想像著對方此時還在遊戲連線上，我按下了發送。

我已不期待回覆。只是心情上還是習慣有一個對方，讓他知道我在做什麼。會不會有一天，當我不再教書不再寫作也不再出門，除了主動像這樣發出電子訊息外，將再也無人知道自己的存在？

就像是父親現在這樣。

打開老家的信箱，一張粉紅色的訃聞滑出，我匆匆收進袋中藏起，怕被父親發現，又有一位老友先走一步了。

一整天坐立不安，欺瞞本就不是我的長項。他們那麼好的交情，不應該讓父親知道嗎？

等我說出孫伯伯走了，九十九歲，我看見父親眉頭輕皺了一下，然後點了點頭。我年紀大了，也不好去殯儀館送他了，他說。

我幫你送個花籃吧，我說。

嗯，這樣好。

那一刻我終於對留職停薪是個正確的決定感到安心。

悲傷是記憶的光

住了快四十年的老家，除了母親身體仍健康時做過一次粉刷裝修，多年來就一直原樣，除了越堆越多的雜物。尤其是父親的東西他從來不整理，一疊疊過期的畫展請帖之外，甚至還有退休前學生繳的報告作業。父親是個絕不料理家務的人，放他單身獨居了幾年，家中更是凌亂不堪，曾說要幫他整理卻被拒絕，後來大陸女人進了門，我更不想多事。印傭只能把看得見地面的空間做了清掃，那些堆放多年的舊箱破袋沒人敢碰，屋頂漏水多年也一直沒空整修。

暑假裡我終於下定決心，不把那些堆障移除，怎能檢查防漏修繕做到確實？做出這樣的決定後，讓我心裡真正煎熬的是，要不要連母親的房間也一併清了呢？

一開始沒有動母親的房間是因為不捨。後來是忙得找不出時間。然後這兩年是無力。這回，我決定先從母親的房間開始整理，每個抽屜，每個櫃子與箱子。若非經歷了這麼多的變故，我恐怕還提不起這樣的勇氣，跟母親的遺物做最後一次的話別。

・・・

梳妝台。

鏡面早已霧汙，鏡邊的四角都貼著微見褪色的照片。那一張張，都是母親與父親的合照。在朋友的筵席上。在春日的公園裡。還有在紐約的街頭。

我小心拆下那些照片，捧在手上端詳。

是因為她慶幸終於能夠走到老來伴的白頭牽手？還是母親貼出這些照片，是希望父親能看見，開始懂得珍惜這一輩子的扶持？父親真的有好好看過這些被貼在梳妝鏡上的合影嗎？母親每天起床梳妝時，一抬眼就會看到雙人合影，是怎樣的一種心情呢？

母親一生不愛珠寶首飾，既無鑽戒也無玉鐲，光鮮奪目穿戴在身的都是贗品。這也影響了我從不花錢買名牌的價值觀，因為小時候就把她說過的話牢記在心：「即使是地攤貨，別人卻相信你穿的是名牌，而不是用名牌包裝自己，那才真正表示你在別人心中有分量。」

我撿起梳妝台小抽屜裡的那些耳環手鍊，笑了。母親真的騙過了所有人，沒有人會相信她沒擁有過值錢的首飾。

在堆放著空中英語雜誌與電話簿的桌角，我發現了一本稿紙簿，其中還有母親最後的字跡寫下的一篇散文草稿——

回家的路很長

我在夢裡常常回到台北市紹興南街三十巷父親的故居——那是台大法學院教授的宿舍。

那些日式房屋都面對仁愛路一段，大約有五六排，每排四五戶，大小不等，法學院很多名教授都曾住在這裡，也老在這裡，父親就是其中之一。

剛來台灣的時候，能配到這種宿舍，當然是很不錯了，尤其還是邊間，有前後院，後院還有一個小池塘，繼母在池塘裡種了荷花、養了魚，前院搭起了葡萄架，長了一些小葡萄，後來又種了聖誕紅。每年冬天，聖誕紅既紅又豔，使得整個房子看起來熱鬧得很。

但是這個家我並沒有住過，因為繼母不喜歡見到我，於是父親就把我寄住在一個長輩家中。那時我既無法升學，又找不到工作，親友們都替我作媒找婆家，都說十八不小了，可以嫁人了！

過了幾個月，我真的嫁人了。因為長期寄人籬下的日子也不好過。我的丈夫是一個年輕的中學美術老師，北方人，當時我想，嫁給一個年輕人總比中老年人好些。

我們住在師大附中的宿舍，可是我們只有一房一廳，比父親家差太多了。結婚之後，只有逢年過節才去紹興南街看望父親，平時不能去，父親說繼母不喜歡。

第二年，我生了個男孩，父親很高興，替他取名。每次我帶著孩子回家時，父親總是開心地抱他，逗他玩。雖然是外孫，畢竟與他有了血緣關係，與孫子沒兩樣。

孩子慢慢長大，紹興南街三十巷也慢慢在改變。

先是從巷口搭起了一排小木屋，大約有七八間吧！過了不久就有一個山東老頭兒打開門賣饅頭，接著是理髮店，雜貨店。又過了一陣子，麵攤子擺出來了，老闆是個退伍老兵，姓藍，大家都叫他藍老闆。老張也不示弱，不知從哪裡弄來一部舊三輪車，每天坐在巷口等生意。這裡已形成了一個小生活，他們的顧客主要就是這裡幾十戶教授的家庭，卻也給了教授和家人們很多方便。

藍老闆的四川牛肉麵真是可口，不只我們全家人喜歡，附近的上班族也聞風而至，一到中午，小餐桌越擺越長，已經到了父親家門口，似乎有點有礙觀瞻，但父親說：「做小生意的，讓他們多賺點錢，他有兩個孩子在念初中呢！」

老張的三輪車總是在門口等著送我們回去，每次給他錢都不肯收，我們只好改在過年過節時給他紅包，他才笑著勉強收下。

繼母發現父親很喜歡我的孩子，於是她就收養了一個男孩，年紀與我的孩子相近，她說是為了養兒防老。父親沒有反對，因為他們的年齡相差十歲不止，是在民國三十八年兵荒馬亂時由人撮合成的婚。

他們領養來的小男孩非常好動，每天在家裡跳來跳去，也在父親身上爬個不停，他們叫他猴子。我看得出來，父親不勝負荷。猴子不愛讀書做功課，於是請了家教。老師換了無數個，他的成績還是不理想。

我生第二個孩子時，父親已是七十歲，但看起來只像六十歲，白髮不多，走路很快，身子挺得直直的。因為他飽受猴子之苦，有一回他語重心長地對我說：

「養孩子很辛苦，又沒人幫妳，兩個孩子夠了，不要再生了。」

民國四十六年，我向教育部申請復學，因為我合乎大陸來台失學青年條件，教育部分發我到台大法學院商學系二年級寄讀，當時我欣喜若狂，圓了我求學的夢。巧的是與父親在同一學院，不僅可以修他的課，也時常在教室的走廊上碰面。有時我們一起下課，我便陪著他從法學院後門的小路回家，那裡也是紹興南街，但沒幾戶人家。

有一次我漫步從紹興南街繞到上海路（即現在的林森南路），曾聽說過這邊巷子裡有個菜市場，我想順便買點菜回家做晚餐。經過泰北女中時，我停下來在校門口看著女學生放學，覺得她們真是天真活潑又美麗。當我買好菜之後，發現有一個老舊的廟，我好奇地伸頭往廟裡看，好像沒什麼香火。一位路人告訴我，那裡面放的都是日本時代日本軍人的骨灰和靈位，可把我嚇了一大跳！

轉眼三年過去，我的學生生活結束了，我變成上班族，每天早出晚歸，沒有機會陪父親在紹興南街散步聊天了。那時大家都裝不起電話，所以只能隔一兩週下班後抽空去看望。進門之前，我都先在藍老闆的麵攤上吃碗牛肉麵，以免看繼母的臉色。

我的長子初中畢業時，猴子也應該畢業了，但是他沒有領到畢業證書，學校要他再試讀一年看看。當繼母知道藍老闆的女兒考上的是北一女，她一氣之下就把猴子送到中壢附近的一所軍方辦的技術學校就讀，那裡不需要初中文憑。她對猴子的確費了不少心思，如今她不願意再見到他了。

中正紀念堂落成之後，為了要闢一條道路通往仁愛路一段，面對大忠門的違章建築全部拆除，但紹興南街三十巷卻私毫未動，那些住戶可以照常做生意。只是老張的年紀大了，不能拉車，改行養鳥，他住的房子太小，只能掛一個鳥籠而已，他和父親商量，允許他在院子裡搭了架子，掛起一排鳥籠，還給他一把大門鑰匙，以便他自由進出照顧鳥兒。他養的是畫眉鳥，清晨會唱歌，令人有住在郊外別墅的感覺。

我的兩個孩子都先後從國立大學畢業，去美國進修。猴子從中壢調到金門。繼母說：「越遠越好。」她本以為他可以在軍中待一輩子，沒想到那年冬天，他突然退伍回家了！兩位老人家都嚇了一跳。原來那個學校不需要服終生役。有一天，繼母竟向我訴苦：猴子不務正業，常常向她要錢，不給他就在家裡大吵大鬧，他也不怕妳爸爸……

父親心情鬱悶，日漸衰老，終因體力不支而病倒。

十二年來，我只有在父親去世滿百日那天，回到紹興南街一次，之後我避免路過仁愛路一段，避免見到那一堆老舊的台大法學院教授宿舍，為的是不願勾起心疼的往事。

去年小兒子學成歸國任教，有一個週末，他帶我和外子去徐州路參觀市長官邸改成的文藝沙龍。我順道到對面的法學院轉了一圈，校園變小了，當年的杜鵑花圃變成了高樓，離校四十多年第一次造訪，我特地去看從前商學系上課的那一排教室。教室依舊，走廊依舊，只是父親的身影永遠消失了！

回家時，小兒子堅持要去紹興南街三十巷看看。一進巷口，便看見一個胖老頭兒坐在小竹凳上搖扇子，再仔細一看，那不是藍老闆嗎？小兒子上前喊他，他似乎也想起了我們：「蔣小姐，好多年不見了——」我問他還賣牛肉麵嗎？他搖頭說，不賣了，做不動了！

停了一會兒他又說：「本來在新店買了一戶公寓，後來因為兩個孩子要出國念書，便把它賣了。我和我老婆又搬回這裡，還是這裡好，有人情味。」

我看看四周環境，覺得有些荒涼，便問：「這些宿舍還有人住嗎？」他回答：「老教授們都走了，有辦法的孩子們也買了新房搬走了，現在只剩下幾戶人家。」

我想再問他：猴子呢？他是不是還住在這裡？

我開不了口。我又想起父親痛苦的晚年。

• • •

散。

文章到此擱筆，感覺母親還沒有寫完。來不及繼續，癌細胞已迅雷不及掩耳地擴散。

也無法再往下寫了吧？一代代，一戶戶，都是同樣的故事周而復始，隱藏著，糾結著，一說多了就要心痛。

文章中提到的人，多數都不在了。確實也再沒見過猴子小舅，到底在母親心中，他們算不算是一家人呢？

那個下午陪她去法學院重遊的記憶仍清晰存放於我的腦海，因為接下來陪她出門就只有跑醫院了。我記得從淡水和信醫院回家的路上，坐在捷運車廂，母親整途不發一語。才不久前，她還沒法好好跟自己的父親與老家道別，沒想到可能很快就要跟丈夫與兒子說再見了。人生真是何其荒謬又殘酷。不過轉眼，換成我在面對著不可知也不可逆的結局。

・・・

有什麼東西好像卡在了小抽屜與梳妝台的裡層，我伸手進去掏摸，是一個信封，外面套上了塑膠袋，再用紅繩綑起。扁扁的，顯然不是有什麼珠寶被藏了起來。我好奇地解開紅繩，納悶著。有什麼寶貝需要母親這樣慎重地藏匿呢？

絕沒有想到，信封裡頭這幾張黃舊的紙，對母親來說，竟比珠寶房契還要珍貴。

第一張是她在入台前，就讀香港華僑工商學院會計系一年級的成績單。三十八學年度下學期，上面寫著：國文90，英文92，法學通論95……反倒是商用數學只拿了64。母親的大一生活，恍惚如浮水印般隱隱若現……這小小一張紙被母親保留了五十年，為什麼？

十七歲的她，千辛萬苦總算在香港與失散的外祖父重聚。那一年，可能是母親這一生最短暫的無憂時光。還是青春的少女，最喜歡的科目是國文與英文，後母還沒有嫌她是眼中釘，也許也正夢幻著愛情，沒想到一年之後便只能為了逃離寄人籬下的生活而結了婚……

看過一張母親梳著兩條辮子，身穿白色旗袍，以香港的海港做背景的照片，那笑容是多麼甜美純真。沒想到照片竟比不上這張手工抄錄的成績單，那上面教務處的用印，民國39年7月28日的字樣，還有鋼筆墨水記下的七門課名，才第一次讓我真正與十七歲的母親有了對話。

終於知道，我喜歡文學是其來有自，母親是非分明的處世態度，也從她對法學的興趣看出端倪。但是真正的興趣都不得不因日後的生活重擔而放棄了，轉修商科讓她解決了經濟的困窘。現代年輕人口中的逐夢，對母親那一代人而言是多麼遙不可及。

然而，母親這一生卻全力支持了兩個搞文藝的人，一個是我，一個是父親。

．．．

信封裡的第二頁，是一張公文十行紙。發文者是國立台灣大學教務處。

教育部台（四六）輔字第一六〇四八號令及名冊，略以該生准予分發本校法學院商學系貳年級寄讀，飭即通知該生註冊入學，並於註冊前向部領回學歷證件呈校報部核備等因。

這張入學通知，一定讓當時的母親看到人生另一個希望，否則沒有學歷，丈夫遠在歐洲，帶著才三歲的哥哥未來要怎麼辦呢？同樣被好好保存的，是三年後教育部的另一紙公文——

查國立台灣大學四十八年度第二學期寄讀應屆畢業生名冊內列有該生姓名准予發

給畢業證書。特此通知。附發畢業證明書一紙。

她做到了！順利取得了大學文憑了！雖然都是聽過的故事，但是，被這樣偷偷珍藏起的文件，才更讓我體會到故事中已被輕描淡寫帶過的辛酸與喜悅。文件中還有什麼呢？

下一張出現的是民國五十年，母親第一次購屋的買賣同意書，記載著五十多年前永和的房價，五萬元新台幣。那可是勇敢的母親，在沒有父親或外祖父的資助下，獨立存款標會籌出的一筆錢啊！

我開始有些明白了，這個小信封裡珍藏的，或許是母親這一生覺得最驕傲的時刻。

幾張破紙透露著母親的心事，她想記得的，無非是自己也曾那麼滿懷希望、力爭上游地活過。只有那時的她是屬於自己的。

那個青春的少女後來只剩下身不由己的無奈，為了婚姻，為了家庭。無怪乎她要把這個心事用這麼隱密的方式，收藏在之前從沒有人找得到的地方。

在她過世的十三年後，我發現了她祕密的歡喜與憂傷。

・・・

另有一張從考卷上撕下的紙片竟也藏身在這些珍貴的文件中。小學四五年級的四則運算方程式，並不是我的字跡。

翻到背面，先是看到一個孩童的塗鴉，模仿漫畫的線條，畫的是一位肌肉硬漢在持槍射擊。然後才發現那是哥哥留給父母的一張字條，上面是這樣說的：

媽媽：爸爸：我走了　我實在受不了現在的環境　所以走了　你們不必找我我也不會回來的我將要自己謀生活

兒　敬上　12月7日晚8時33分

可能只是童言童語，也可能是真的發生了什麼重大變故。但，為何家中再也沒人提過這樁哥哥出走的插曲？

沒有註明年分，我無法判斷這是在我出生之前？還是之後？「我實在受不了現在的環境了」，出自一個孩童之口，究竟指的是什麼呢？可以確知的是，父親已從歐洲歸來，因為字條是留給兩個人的。而且，是把媽媽寫在前面，不像我們慣例以爸媽順序稱呼。但導火線又是什麼呢？

震驚之餘，更多的感觸是沉重。

如果不是晚了十年出生，我會不會也跟哥哥一起上演了離家出走呢？

童稚的筆畫，與後來我所熟悉的字體已判若兩人。從來沒有機會認識那個仍是孩子的他，這是兩兄弟始終無法跨越的鴻溝。沒想到他小小年紀就決定離家了，恐怕這顆種子一直就埋在他心底繼續發芽，這一生都沒有改變。但是多年前他曾對我說過的那句：「爸不該回來的……他一回來把媽的人生也毀了」，現在找到了更原始的佐證，文字之外，還有那個持槍硬漢的圖說。

始終都知道，哥哥心中有一股澆不息的恨，但兄弟間從沒針對這件事好好說個明白。曾經我還抱著希望，終有一天，那許多我所不知的破碎過往終將真相大白，如今他已過世，唯一可以補白我對我們家記憶的那條線索也斷了。最後能找到的，只剩這張字條。

讓我更不解的是，這張字條為什麼會出現在這裡？如果其他的文件都標示了母親生命中最重要的自我完成，這張字條需要被收藏成為祕密，原因是什麼？

難不成，是母親另一次決心的宣誓？在如今成謎的某樁事件發生後，她做出了守住這個家不離不棄的決定？

還是說，往日與她相依為命的獨子，在這一夜之後徹底改變了？雖然是氣沖沖的離家字條，但到底還是帶著些純真的任性，或者還有想要贏得母親注意力的企圖。也許，母親想要留住的，是哥哥從此消失的童真？

當然也有可能，讓哥哥受不了的環境改變，就是我的出世……

但，我還是不禁會想，如果哥哥還在世時，這張紙條就已被發現，會不會因此能夠化解了他對母親、對這個家的一生積怨？

他可能做夢也沒想到，母親一直這麼在乎他，否則，怎麼會把這張字條，與其他重要的人生記憶收藏在一起？

・・・

光是整理母親的梳妝台，便已讓我的情緒又反覆陷入了悲傷的沉思。顯然我又給自己找了個遠比想像中艱難的任務。

一年多來，變故一再把我推出了我始終不肯放棄的，圓一個家的夢想，引我走上了由悲傷鋪成的一條迂迴歧路，有時覺得全然迷失，有時讓我覺得無法繼續舉步，從沒想到，這條路究竟要把我帶向哪裡。

或許，迂迴的歧路，也是人生中需要的。

悲傷把我帶進了不得不重新面對自己人生的困境，獨自跋涉，路上拾起了一些失落之物，也決定放下一些沉痾，最後，它把我帶到了母親的梳妝台前。

循著悲傷軌跡，也可以畫出一個圓。那是屬於我自己的一個圓。

也許，那是在喧譁濁世中，我僅存的純淨。

悲傷，我全力以赴——後記

郭強生

若不是受邀為中國時報人間副刊的「三少四壯集」撰寫了一年的專欄，不會有這本散文的成書。這個專欄受到很大的關注與迴響，是我一開始完全沒有意料到的事。

一週一篇，寫下了我在生命艱難轉折那一年裡的所思所想，同時新的生命變故繼續接二連三而來。我藉著書寫維持了我那段日子裡最底限的清醒，與現實搏擊，與過往和解。原以為這都是自說自話的私散文，每週竟有上萬讀者的點閱轉貼，我彷彿感覺到，原來我說出了太多人不敢說出口的心事。

過了四十歲以後，寫作對我來說，就是面對自己。

往事一層層揭開，更重要的是，我與自己的和解。

以前從沒在作品中提過在一九九六至一九九八年受憂鬱症所苦的往事，直到在專欄結束後，又擔任了聯副的駐版作家，發表了〈微溫陰影〉一文。之所以沒把這樣的經歷當成題材——尤其是憂鬱症書寫曾經蔚為流行的那幾年——就是因為我一直還在沉澱體會，究竟對我的人生來說，它是否具有某種啟示？我的憂鬱症全因為感情遭受到重創而起。第一任情人自殺身亡，帶來的不光是一場初戀的悲傷結局，對第一次接受了同志感情的我來說，更像是一種判罪，把我打進了暗無天日的牢籠；也如同詛咒，預告了我注定一生顛簸的感情生活。回復過往的「正常」生活是不可能了，憂鬱早成了三十歲後生命的某種底色，因為壓抑，因為孤獨，因為物傷其類。原本擺在眼前的是人人都會稱羨的人生藍圖：一路讀的都是明星學校，二十歲出頭已有了一點文名，未來五子登科絕非難事……但是我卻選擇了不活在謊言中，一跤跌出了世人所謂的美滿幸福之外。但，若非如此，那個似乎穩坐人生勝利組的我，這輩子就永遠無法懂得什麼是慈悲與寬容了。說是人生多了缺憾，但也未嘗不是獲得。從憂傷與痛苦中站起來，心變得比以前柔軟了，也讓我真正感受到，什麼叫弱勢與邊緣的有口難言。接受，是人生艱難的功課。二十年過去了，我才終於寬容與接納了自己。

在這個大眾傳媒幾乎已到了無孔不入的年代，很多人都怕錯過了外面在發生的事，到頭來他們其實錯過的是自己，錯過與自己的對話，疏於觀察感悟自己內在所經歷的種種變化。說穿了，與其期待外在世界能發生什麼重大的轉變，然後自己的苦悶就能一下解決，還不如來檢視自己的貪嗔痴怨。也許這也屬於療癒的一種吧？該面對的，都去面對了，也就無罣礙了。

隨著人到中年，越發體會到所有的過去其實都並未過去，它們都在不可知的角落守候著我們。如果我們可以選擇在生命裡與哪些人相遇，結果真的就會比較圓滿嗎？我不確定。有時我反而覺得，死亡是暫時的。母親、情人、好友，在那些年裡相繼離世，但走過悲慟之後，他們又都回來了，太多的事物景象都會讓我想起他們。有時我會恍惚以為，他們只是走開了一下子，其實，從沒有真正離開過。

所以某種程度來說，寫作也是生存的手段，怕自己有一天被這個世界徹底改變，忘了自己曾經那樣熾熱，也那樣寂寞，再沒有了自己的聲音。就這樣一直寫下來了，從未高舉過什麼偉大的主題，或標榜過任何獨特的風格。我是個活到哪裡就寫到哪裡的人。每當讀者問我，進行創作最重要的是什麼，就我自己的經驗回答，那就是「真實」吧？

感謝在書寫期間，一直為我打氣並關心我近況的朋友們。

還有那些從不曾謀面的讀者們。因為你們，我看到人性中可貴的同理心與開放胸懷，在我們這個時代，仍溫柔地繼續存在。

國家圖書館出版品預行編目（CIP）資料

何不認真來悲傷／郭強生著. -- 第一版. --
臺北市：遠見天下文化, 2015.9
面； 公分. --（華文創作；BLC092）
ISBN 978-986-320-833-4（平裝）

1. 郭強生 2. 回憶錄

783.3886 104017826

華文創作 BLC092B

何不認真來悲傷

作者 — 郭強生

總編輯 — 吳佩穎
責任編輯 — 陳怡琳
美術設計 — 蔡南昇

出版者 — 遠見天下文化出版股份有限公司
創辦人 — 高希均、王力行
遠見・天下文化 事業群榮譽董事長 — 高希均
遠見・天下文化 事業群董事長 — 王力行
天下文化社長 — 林天來
國際事務開發部兼版權中心總監 — 潘欣
法律顧問 — 理律法律事務所陳長文律師
著作權顧問 — 魏啟翔律師
地址 — 台北市 104 松江路 93 巷 1 號 2 樓

讀者服務專線 — 02-2662-0012 ｜ 傳真 — 02-2662-0007, 02-2662-0009
電子郵件信箱 — cwpc@cwgv.com.tw
直接郵撥帳號 — 1326703-6 號　遠見天下文化出版股份有限公司

內頁排版 — 張靜怡
製版廠 — 東豪印刷事業有限公司
印刷廠 — 中原造像股份有限公司
裝訂廠 — 中原造像股份有限公司
登記證 — 局版台業字第 2517 號
總經銷 — 大和書報圖書股份有限公司　電話／(02)8990-2588
出版日期 — 2019/7/19 第二版第 1 次印行
2023/11/6 第二版第 7 次印行

定價 — NT360
4713510946312
書號 — BLC092B
天下文化官網 — bookzone.cwgv.com.tw

天下文化
BELIEVE IN READING